「難しい親」への対応

「どうしたらいいの？」
がよく分かる！

保護者とのより良い関係の築き方

スザンヌ・カペック・ティングリー 著
栗原慎二・バーンズ亀山静子 監訳

溪水社

日本語版の刊行によせて

　保護者対応の難しさが増大しているのは日本に限ったことではないようで、どこの国でも同様の現象に頭を悩ませているようです。
　本書は、アメリカのニューヨークでこうした問題に直接向き合いながら、長年、教師、そして校長として勤務し、現在はニューヨーク州立大学で教員養成に携わっておられるSuzanne Capek Tingley教授の著作、"How to Deal with Difficult Parents: A Teacher's Survival Guide"の翻訳本です。
　今日の社会状況は子どもたちにとっても保護者にとっても難しいものになっています。そうした状況のなかで、学校や教師に対して、時に分別を欠くような保護者の言動も見受けられるようになってきました。もちろん、そのほとんどは善意であったり、わが子かわいさの故であったりするのですが、それでもどう関わればいいのか、教師は頭を悩ませることになります。それでも教師は、子どもの教育に保護者と協力して取り組むために、このような対応の難しい保護者ともうまく関わっていく必要があります。
　本書にはそのためのHow toがユーモアを交えて書かれています。もちろん、人間関係はHow toだけで構築されるものではありませんが、残念なことにHow toを知っておくことも必要な状況が生じているのも事実です。こうした現状の中で奮闘されている先生方に少しでも寄与できればと思って本書の翻訳に取り組みました。
　本書の内容は、アメリカならではと思う部分もありますが、大部分はまるで日本での話かと思うほどです。その背景には彼女の豊富な経験が息づいています。是非、先生方の実践の一助にしていただければ幸いです。

栗原慎二・バーンズ亀山静子

日本語版の出版にあたって

　親と教師が協力体制にあるとき、子どもの学習や学校での適応はうまくいきます。たいていの場合、子どもにとって親と教師はもっとも重要な権威ある存在であり、両者が協力し、同意していることを子どもも望んでいます。実際、両者が協力体制にあるときは、子どもも混乱させられることなく、安心していられます。

　残念ながら、生活指導、課題、宿題、成績などに関して、親と教師はいつも意見が合うとは限りません。ときには「難しい」とか「要求が強すぎる」とか「理屈が通らずむちゃくちゃ」とすら教師が思ってしまうような親もいます。新採用の教師はとくに難しい親の扱いに困っています。それは対立を扱うスキルが不十分で、親を脅威と感じるからかもしれません。調査研究でも、新採用の教師の半数近くが辞めてしまうことがわかっており、退職理由のトップのひとつに挙がるのが要求の強い親との対応です。

　「難しい親への対応——保護者とのより良い関係の築き方」（原題：*How to Deal with Difficult Parents: A Teacher's Survival Guide*）は、要求の強い親と直面したときに使える具体的なスキルや方略を教師に提供します。30年以上の教育現場での経験（そのうち20年は管理職として）の中で、私は多くの要求の強い親たちと対峙してきました。教師が自分を守り、またプロ意識を保つために言うべきこと・すべきことをわかりやすく描くために、いろいろな親を類型化して例を挙げました。

　この本はユーモアがいっぱいです。笑い飛ばせるようであれば、状況をしっかり操縦できているということですね。ユーモアは、生活のバランスをとり、また不愉快にならずに異論を唱えることも可能にします。

　親との協働は教師の生活の一部です。それをうまく行うためのスキルを教師が身につけることは重要です。親と教師が互いに敬意をはらい協働すれば、その恩恵を受けられるのは子どもですから。

スザンヌ・カペック・ティングリー

夫のラリーへ
絶え間ないサポートと励ましに

執筆も手伝ってくれた娘のジェニファーとレベッカ

ともに仕事をさせていただいた、
たくさんの素晴らしい親のみなさんや、
仕事にひたむきな先生方へ

目　　次

日本語版の刊行によせて（監著者） ……………………………… i
日本語版の出版にあたって（著者） ……………………………… ii

親とうまくやっていくための初級講座 ……………………………… 3
親に関する簡潔で主観的な歴史 ……………………………………… 7
どんぐりは木からそれほど遠くには落ちない ……………………… 23

問題のある親

　ピノッキオの母親　27

　マントを着た正義の味方　39

　「うちの子いじめないで」型の母親　51

　脅迫する親　67

　ステルス戦闘機型の親　75

　失礼な自由主義者　87

　サボりOKの父親　95

　ヘリコプター・ママ　105

　対戦型の親　119

みんなに公正なのはだれだ？ ……………………………………… 129
効果的な保護者面談の秘訣 ………………………………………… 135
何も効果がない時には ……………………………………………… 147
おさらいテスト ……………………………………………………… 153

付章　保護者との協働関係を築くために（栗原慎二） …………… 169

難しい親への対応
―― 保護者とのより良い関係の築き方 ――

親とうまくやっていくための初級講座

　教師を志すの人の多くは、元来子ども好きなはずです。持ち前の楽天的な性格も手伝い、教師は何か変化を生み出してやろうと意気揚々と教室に入ります。

　教師たちは国語、算数、体育、音楽、英語、理科、特別支援教育や社会科などの教授法のほか、学習指導案の書き方や評価テスト（valid test）の作成の仕方を学んできています。教育実習やインターンシップの経験を通して効果的な教育方法や学級経営の仕方も練習しています。要するに、彼らは教師という仕事に伴ういろいろな困難にも喜んで臨もうと、準備万端でやってくるのです。

　では、どうしてその新米教師の多くが、5年間も経たないうちに学校から去ってしまうのでしょうか。

◆それは、「難しい親」とうまく付き合う準備ができていないからです。
　教員養成であれだけトレーニングを受けてきたにも関わらず、昨今のあ

る種の親とうまく付き合う方法を身につけさせてくれるものは全くありませんでした。

　例えば、ジャスティンの親は、ランチのときに息子がモッツァレラチーズ・スティック（スティック状の焼菓子）を鼻に突っ込むのは個性の表現であると主張しますが、このような親に対して、教師としてはどのように対応すればよいのでしょうか。

　サマンサの継父は、娘が社会のテストをカンニングしたことは教師のせいだと思っています。

　ニッキの母親は、理科の課題研究を娘の代わりに行い、その評価がBだったことに不平を言います。

　ブラッドリーの父親は、息子の算数の評価を変えないと教師を辞めさせるようにしかるべきところに働きかけるぞと脅します。

　親とうまく付き合えないということが、仕事を辞める唯一の理由というわけではありませんが、教育政策研究センター[1] (the Center for the Study of Teaching and Policy)（タイム誌、2005年2月21日）の報告によると、親とうまく付き合えないというストレスは教師が仕事を辞める主要な理由で有り続けています。

---

1) 日本においては、文部科学省が3年に1度行う「学校教員統計調査」がこれにあたる。平成16年以降、「病気」「死亡」「定年」といった理由以外で辞職する教員の人数が大幅に増加している。しかし、これより詳細な調査は民間レベルでしか行われていない。

◆教師には保護者マネージメントスキルを学ぶことが必要とされています。

　教師を長年続けていると、学級経営のスキルに加えて、教師は親とうまく付き合うためのスキルを身につけることの必要性に気づきます。そのスキルがなければ、教師と親という対立する関係に問題が生じます。

　例えば、ある親が何事においても教師に対して挑戦的であることを知っていれば、教師は児童が不適切な行動をしたり努力不足だったりしても、そのことをとりあげること自体をためらってしまいます。また、心配性の"ヘリコプターママ[1]"が子どもに何かあったらすぐに救出しようと近くをうろうろしていたら、教師は何が子どもにとって一番よいか分かっていても、それを主張することで、親とぶつかり合うことになるのは面倒だと思ってしまいます。

　また、ある父親が息子の成績を気に入らないと校長に直訴するということを知っていたら、教師は常に自分を守ろうという思いになるでしょう。要するに、難しい親と付き合うことは教師個人と学校全体の両方にとって士気をくじくような影響を与えうるのです。

　ここで誤解のないようにしたいのは、大部分がこんな親たちというわけではない[2]ということです。たいていの親は協力的で、現実的に物事を考えることができます。学校の支援やベークセール[3]にボランティアとして参加してくれます。また、児童の発表会に出席し、学校の予算案に賛成してもくれます。子どもの学校での成長に関心を持ち、教師を子育てのパートナーと認め、教師に対して丁重に礼儀正しく接してくれます。もちろん親の持つ権利として時には学校のとる立場に同意しないこともありますが、反対することも彼らの権利です。（親が反対意見を言えるというのは素晴らしいことです。逆に、反対意見を言えないということは問題です）

　もう一つここで説明しておきたいことがあります。どこの学校にも難し

---

[1] p.105参照。
[2] 日本の実態については付章を参照。
[3] 学校の基金を得るためにお菓子などを売る活動のこと。

い教師がいて、いろいろな問題を起こしているのも事実です。しかし一方で、優秀で分別のある教師でさえも、難しい親が増加していると報告しています。難しい親とは、例えば、子どものことに関して言い訳をする親、子どもに責任を取らせようとしない親、理不尽な要求をする親、そして、自分の要求にかなわないことがあると教師を批判したり脅したりする親のことを指します。

◆どんな教師も効果的に親に対応する方法を学べる。

　問題のある親と出会ったときに教師には何ができるでしょうか？　たった一つの方法ですべての場面に対処することはできません。でも、将来的に役立つさまざまな方略を身に付けることは可能です。以下の章において、親とうまく付き合うための効果的な方法や、その方法をどのような場面で用いると良いかを述べることとします。

親に関する簡潔で主観的な歴史

☆昔

　1900年代の初め、マーク・トゥエーン[1]が、「公立学校が国を発展させる（Out of the public school grows the greatness of a nation.）」と述べ、多くの人がこれに賛同しました。20世紀の初めの25年間のうちにアメリカに大量の移民がやってきたことにより、子どもを公立学校に通わせることが初めて法律で義務化されました。義務教育によって、若い世代がアメリカ風になり、かつては大人と競うように働いていた子どもが工場からいなくなりました。

　そのような変化が起きて以降、親は仕事に行き、子どもは学校に行くようになり、子どもたちの学歴は親の学歴をはるかに上回るようになりました。ほとんどの親が学校の経営のようすや、子どもがきちんと教育をうけているのか、公平に扱われているかなどに疑問を持つことはありませんで

---

1) アメリカの小説家。代表作に『トム・ソーヤの冒険』がある。

した。なぜなら、親の仕事がそうであるように、学校に通うことは子ども自身に責任があることと考えられていたからです。

たとえば私や私の兄弟姉妹が子どもであった1950年代から1960年代には私の親は私たちが宿題に不服があっても教師と連絡を取ることはありませんでした。放課後に居残りをさせられても、校長に文句を言うことはありませんでした。親は私たちが絶対嘘をつかない子だとは考えていませんでした。私たちが学校をつまらないと思おうが気にしてはいませんでしたし、つまらないということが成績が悪くてもいい理由になるとは考えてはいませんでした。子どもが教師と「性格の不一致」があるなどということも考えませんでした。なぜなら子どもの性格などというものは教科書とは無関係だからです。

また、先生があなたを尊敬してくれているなら、同じようにあなたも先生を尊敬しなさいと言うこともありませんでした。私たちの話すその日の学校での出来事は、私たちから見た私たち版の話として考える賢さを親は備えていました。親は私たちの算数でどんな宿題が出ているかも知りませんし、関心を持つこともありませんでした。どんな宿題であれ、親は私たち子どもがすべきものと考えていました。

けれど、私の親は悪い親ではありませんでした。実際、素晴らしい親でした。しかし、親は学校での子どものあり方について、明確な考えを持っていました。私の知っている他の親たちと同じように、「学校で何かしでかしてごらんなさい。家に帰ったらただじゃおきませんよ」というのが彼らの考えでした。

これは、私の親が子どもや子どもの教育についてまったく無関心だったということではありません。親は関心をもってくれていました。責任を持って、私たちが熱を出したり吐いたりしたときを除いて、毎日学校に出席させていました。成績表がいつ出されるかも知っていましたし、その成績表に目を通しサインもしてくれていました。学校の演奏会や演劇会、表彰式にも出席してくれていました。（唯一出席していなかったのは夏にある野球

やソフトボールの大会くらいです。うちの前の道の真ん中でいつもやっていることを、下水の蓋のかわりにきちんとしたベースがある野球場でやるからといって、仕事を休んでまで観に行く理由にはならなかったのです。事実、夏の野球の大会を見に来た親は、何らかの事情で仕事をしていないお父さんでした。)

　親たちは、単に忙しかったのです。ただただ仕事をし、家族を扶養し、請求書のお金を払うという責任を果たすのにとても忙しい状態だったのです。私たち子どもは、子どもの責任を果たすことを期待されていました。つまり、それは学校に毎日出席し、トラブルに関わらず、授業に集中することです。ある意味では、親には親の仕事があり、子どもには子どもの仕事があるという捉え方です。

　私たち子どもはそれが不当だと思うこともありませんでした。

　しかし、**変化が起きはじめました**。私は1970年代後半に教師になり、その頃の親もほとんどは私の親と同じような考え方であったと思われます。親たちが仕事をしている間に子どもも自分の仕事をするものであると考えていました。親たちは子どもたちがその日にあったことを話してもそのまま額面どおりに受け取ることはなく、子どもたちが行儀よくふるまうよう言い聞かせていました。

　そのような時代の典型的な会話を紹介します。

教師：今日トミーがクラスで悪態をつきました。
スミスさん：すみません。家で注意をしておきます。
教師：おそらく居残りをすることになると思います。
スミスさん：異論はありません。

　別の例です。

教師：マデリンが木曜日の放課後に学校に残ることができるなら、スペ

リングの勉強をみてやれるのですが。
トレスさん：わかりました、行かせます。マデリン、聞こえたでしょ？毎週木曜日よ。

　しかし、1980年代に入るころになりますと、少しずつ親の威厳を放棄する傾向が見受けられるようになりました。この時期の典型的な会話は以下のようなものです。

教師：ジョーンズさん、ジャックが宿題をやってくれないので少し困っています。
ジョーンズさん：先生が宿題をさせることができないのに、私にどうしろとおっしゃるのですか。

もしくは、

教師：ファジオさん、ジェニファーは放課後残って、補習を受ける必要があります。
ファジオさん：まあいいですが、ジェニファーは私に似て、いろいろと指図されるのを嫌がるのです。

　この頃から、「退屈している」子どもたちについて耳にするようになりました。それまでは「怠けている」（この表現は今では禁句になっている）と呼ばれていた子どもを、今は「退屈している」子どもと呼ぶのです。読書は子どもを退屈させます。算数も退屈させます。作文も退屈させます。宿題は特に子どもを退屈させます。
　なぜ子どもたちはこんなに退屈なのでしょうか？　親の言い分では、他の子どもよりもずっと頭がいいからだそうです。
　もちろん、この手の「退屈した」子どもたちは、窓の外を眺めたり、い

たずら書きをしたり、なにか問題の創造的な解法を思いついて行うなどの行動に出ず、その代わりに、授業でしなければいけないことをまったくせず、授業の妨害をします。親の言うところによると、このようなことをするのは、子どもたちの能力に十分に見合った授業になっていないために飽きているのだそうです。

　私が子どもの頃には、退屈をしているなどと言う子どもはいなかったように思います。幼いときから母親に「何もすることがない」などと決して言ったことはありませんでした。そんなことを言おうものなら、母親はすぐに掃除機かけや豆とり、ゴミ出しやガレージの掃除などを命じて、することを作ってくれたからです。私を楽しませるのが自分の役割であるなどと母親は（もちろん私も）考えもしなかったのです。

　しかし、教師になってみて、子どもを楽しませるのは教師の仕事であると考えている親がいるということに気づきはじめました。子どもが教室で何もしようとしないのは、子どもが怠けているからではなく、また学習障害[1]のような正当な問題があるからでもありません。それは子どもがとても賢いため、教室での学習のレベルが低いと考えるからです。子どもが必要としている「挑戦」とは、実は私にとっての挑戦――子どもを楽しませること――でした。

　この頃までに、私にも子どもができました。子どもと一緒にセサミストリート[2]を見ながら、どうすればこの子たちが学習を楽しいものであると思って成長できるのだろうかと考えるようになりました。

　たしかに、私も学ぶことは楽しいものであってほしいと思います。しかし、楽しいばかりという訳にはいきません。1980年代の私のヘアスタイル

---

[1] 知的発達に遅れはないが、聞く、話す、読む、書く、計算する又は推論する能力のうち特定のものの習得と使用に困難を示す障害である。中枢神経系の機能障害が原因であると考えられている。
[2] 1969年にアメリカで生まれた子ども向けテレビ教育番組で、以来、長きにわたって世界中で愛されている番組。日本でも放送された時期もある。

はまさにマペット（訳者注：セサミストリートに出てくる人形）のように見えたかもしれませんが、決してマペットそのものであったわけではありませんでした。

◆このような10年も終わりを告げました。
　1980年代の終わりにかけて、学校や教師そして自分の子どもに対する態度が大きく違った親がいることに気づきました。その頃、私はミドルスクール（5～8年生）／ハイスクール（9～12年生）の校長をしており、多くの親と次のような会話をしていました。

　　校長：ユングさん、ジェレミーが今日の午後に喧嘩をしまして、1日間の停学処分を決定しました。
　　ユングさん：他の子はどうなのですか？　その子が喧嘩をはじめたのでしょう！　その子は2日間の停学処分にしてください！

もしくは、

　　校長：ゴールデンさん、アンが午後の体育のときに、教師に対して失礼な態度をとったそうです。
　　ゴールデンさん：どのように失礼な態度だったのですか？
　　校長：アンは教師に「くそったれな腕立て伏せなんかしない」と言ったそうです。
　　ゴールデンさん：その教師は何をしてアンをそんなに怒らせたのですか？

　残念なことに、このような傾向はこれ以降も続き、私の見解では悪化の一途をたどっています。今日では、生徒が学校で問題を起こしますと、その生徒の行動に対する処分などを、議論なしに親が受け入れることはほと

んどなくなっています。

　今日、子どもが問題を起こしたときに交わされる会話の例として、私がわりと最近実際に体験したミドルスクールの生徒にまつわる事件の例をあげましょう。

　校長：マイク、どうしてバスの窓から相手のチームにお尻を出して見せたりしたんだい？
　マイク：（肩をすくめながら）知らねえ。

　ミドルスクールの生徒であるマイクは、実際なぜそんなことをしたのかわからなかったのでしょう。（ミドルスクールの生徒は、時に考えなしに行動をすることもありますから）しかし、マイクに３日間の停学を言い渡してこの質問についてよく考えるように伝えたとき、彼の父親は次のように返しました。

　マイク父：それは大げさに捉えすぎではないですか。校長先生だってこのようなことをしたことがおありでしょう？

　私のどんなところが、マイクの父親に、13歳のときには相手のチームにお尻を出して見せただろうと思わせてしまったのであろうかと、私はしばらく考えこんでしまいました。

　しかしながら、私はこのように答えました。

　校長：ああ、もう！　いい加減にしてよ。どうりであんたの息子なら他人にお尻を出して見せてしまうわけだ。

　――うそうそ。もちろん、私はそんなことは言ってはいません。そう*思っ*

てはいましたが。実際にはこのように答えました。

　校長：3日したらマイクが学校に戻ることを許可します。

　多くを要求してくる親というのはいつでもいました。しかし、以前の親たちは自分の願いを*教師*ではなく*子ども*に要求していました。

☆現代
　いまどきの親をどうしたらうまく表現できるでしょう？　子どもが望むことすべてを叶えてやろうとする信念であろう、と私は考えます。
　不幸なことに、学校もこのような信念に貢献してしまっています。もちろん意図してのことではない、ただ良い考えの結果が手をつけられない状態になってしまったのです。
　1980年代はじめころに始まり、今世紀にも続いているのが自尊感情は重要であるという信念です。読みや算数よりも、しつけよりも、問題解決よりも、何よりも、自尊感情が重要であると考えられています。最悪なことに、もちろん誰も実際にはそんなことは言っていませんが、「かわいいミッキーが読みができないのなら、少なくとも文盲である自分を誇らしく思えばよい」と言っているのと同じです。
　競争は本来悪いものとなってしまいました。それは1位になる者がいれば、最下位になる者がいるからです。野球道具やダブルダッチ[1]の縄は押し入れに納められ、代わりに、みんなで絹のパラシュートの端をつかんでふくらむのを楽しむような、協力的な遊びをするようになりました。
　たいていの場合において、参加するだけで賞をもらえるようになりました。皆勤賞は、ほぼ皆勤（15回以下の欠席で！）という生徒にも授与されるようになりました。各クラスで10人の生徒が"最も改善しました賞"を年

1）2本の縄を使うなわとび。

度末に授与されるようになりました。"自己流"スペリングは小学校を過ぎても使われていますし、書いたものが掲示板に貼られるときになって始めて、訂正がされるようになりました。星型の勲章をもらうために行う10問テストができずにつらい思いをする生徒がいなくなるように、1分間算数テストは6分間算数テストになりました。

ミスター・ロジャーズ[2]は「みんながみんなのままでいいんだよ」と言い、バーニー[3]もテレビの中からこっちが見えないのに、私たちのことが大好きです。誰もがみんなその人なりに特別です。"間違った"答えなどありません。会話は次のようなものになっていきました。

教師：6×8はいくつ？
生徒：36かな？
教師：グッド・トライ！　他にいくつになるかな？

小学校の通知表はＡＢＣで評価をしなくなりました。いやな思いをさせずに済むように、"N"（改善が必要です）、"M"（進歩が見られます）、"S"（ときどき理解できています）という3つの文字が使われるようになりました。

もちろん、これは大げさに言った感がありますが、自尊感情を高めるためには私たちの期待度を低くしなければならないと考える傾向があったのです。良いことをしたときだけでなく、悪いことをしなかったときにも、子どもたちをほめるべきだとすら考え始めました。

教師：今日は誰も友だちをたたかなかったので、明日、ポップコーンパーティーをしましょう！

---

[2] 長年続いたテレビの子ども番組の主人公。
[3] テレビの子ども番組の主人公の恐竜。

子どもの自尊感情を高めるには、子どもにしてほしいことがあるときには、*命令*するのではなく、*お願い*することが重要であるとも考えられるようになりました。教師は子どもが選択できるようにする必要がでてきました。

旧型：みなさん、スペリングの練習帳を出しなさい。
新型：みなさん、スペリングの練習帳を今やりませんか？

もしくは、

旧型：一緒に使えないなら、おもちゃをどこかにやりますよ。それにつねるのを今すぐにやめなさい、そうしないと、タイムアウト席[1]に座らせますよ！

---

1) 気持ちを落ち着かせるために、集団から話したところに置かれている席。海外ではタイムアウト席が各教室に置かれている場合が多い。

新型：一緒におもちゃを使いましょう、いい？ それにもう人をつねるのはやめましょうね。

もしくは、

旧型：すぐにボールを片付けなさい。
新型：さあ今からボールを片付けなくちゃなりません、いい？みなさん、ボールを片付ける準備はできていますか？はい、それでは片付けをはじめましょう。いいですか？

　もちろん、子どもたちは賢いので、"ホットドッグにマスタードをつけますか？"と"プールに行きたい？ それともショッピングセンターがいい？"と聞かれるのと同じように、ボールを片付けるかどうかを選択させてもらっているわけではないことに気づくでしょう。
　子どもは、"ボールを片付ける準備はできていますか？"と聞かれて、"いいえ！"と答えると、大人からさらにうまい口車に乗せられることになることに、直感的に気づいています。遊ぶ時間にいつかは終わりが来ることを知っていますが、教師に言われたことを1回目の声かけですぐしなくてもよいことも知っています。場合によっては5〜6回言われたってしなくてもよいことだってあるでしょう。子どもたちは、教師がどこまでくれば本気で言っているのかがわかっています。そのときには教師は旧型の指示をするからです。

教師：ボールを片付けなさい！　今すぐ！

◆期待度を低くすれば、自尊感情[1]が高まるわけではありません。

　これは、自尊感情が大切ではないと言っているわけではありません。もちろん大切です。体育の時間でチームを決めるのに、上手な子から選ぶために最後まで選んでもらえない子が出るようなことをしてはならないでしょう。試合を始める前の段階で、すでに子どもに敗北感を感じさせてしまうことのないようにグループ分けする方法はたくさんあります。子どもが成長したり、学習したり、良い意思決定に至る過程で上手に失敗をしたりすることを助ける方法は数え切れないほどあります。

　問題なのは、子どもたちに自分を肯定的に感じてもらおうとする熱意のあまり、私たちは結果を出すことを保障するただ一つのこと、つまり実際に一つ一つのことをやり遂げることを見過ごしてしまっているということです。それは、現実に成し遂げることです。幼稚園児でさえ、いつ賞賛に値することをしたかを知っています。自尊感情を高めようと急ぐことで、私たちは、実際に成し遂げることが子どもにとっていかに重要であるかを過小評価してしまっています。

　子どもたちは、うまくやりたい、人を喜ばせたいと思っています。子どもたちは、目標が何かを知り、その目標を達成したいと思っています。子どもたちは、物事を学ぶときに、大人の矛

---

[1] その人が自分自身について感じている、自分についての価値評価とそれに伴う感情。これが現実的で安定していると、ほどよい自信をもち、生活態度が全般的に積極的になる。一般的に自尊感情は高い方が望ましいが、現実から過度に遊離した自尊感情には問題があるとされる。

盾しない一貫した指導や指示がほしいと思っています。
　自尊感情の大切さを強調することに伴って、子どもの繊細な心を傷つけないようにという誤った試みのもと、あまり批判をしないように、基準を下げるようになりました。子どもたちは、ごくわずかな努力でさえも褒められるということに、初めは喜びますが、後には意気消沈するようになるのです。
　全員がトロフィーや証明書をもらえるのであれば、それらは何の意味もなさなくなります。（小学校の授賞式で気づいたことはないでしょうか？　全員がなんらかの賞状などをもらえると、授賞式のあとに子どもたちはそれらを床に置いたまま忘れていってしまうのです。）ですから、子どもたちは、どれだけ頑張れば、大人が金賞や銀賞をあげようと思うのかを探ろうとし始めました。

◆親たちも自尊感情を大切にしようという動きに賛同するようになりました。
　学校のやり方を手本にして、行動や考えを受け入れてもらえないと、子どもの自尊感情は簡単に傷ついてしまうと親も考えるようになりました。ほとんどの親たちは、"だめ"という言葉はめったに使わないようになり、言ったとしても「絶対」ではなく交渉の余地のある言葉になりました。

　親はときどき、どっちが管理者なのかを忘れてしまうようになりました。

母親：（5歳の子どもに対して）お母さんはもうエスカレーターに乗るのは飽きてしまったわ。あなたは飽きないの？　そうね、あと1回だけ乗りましょう。でもあと1回乗ったらお家に帰るのよ、いい？　じゃあ、これが終わったらもう1回乗りましょう。それで最後よ、いいわね？

　親は行動が言葉よりも大きな意味を持つことを忘れてしまっています。

親：ジョニー、お母さんはそっちに行きたくないのよ。ジョニー、わか

るでしょう。お母さんは行きませんよ。今すぐにやめなさい。そっちに行きたくないのよ。聞こえた？　わかったわよね。お母さんは行かないわよ。

親は自分たちが子どもより年上で、経験もたくさん積んでいるということを忘れてしまっているのです。

> **父親**：（9歳の子どもに対して）シャクナゲに向かっておしっこをするなと何回言ったらわかるんだ？　見ろ！　全部だめになってるじゃないか。もう何回も言っただろう。いつまでこんなことやるつもりなんだ?!

そして、親の中には、一瞬、正気を失ってしまう者もいるようです。

> **母親**：（幼児に対して、食料雑貨店にて）とても怒っているのよね、ママをたたいてもいいわよ。けれどあまり強くはしないでね。

自尊感情を大切にしようという運動によってもたらされた結果のひとつは、子どもの自尊感情には変化がなく、大人の自尊感情が低くなるということでした。子どもたちは、あれをしなさい、これはしてはいけないと言われなければ、自分のしたいことは何でもして良いと思うようになってしまいました。こうなると、ものごとはスムーズにはいかなくなります。

しかし、やがて親や教師は、子どもが当然すべきことを10回以上も言って頼むことに疲れてしまいます。ほとんどの親や教師はわれに返り、子どもが良くない行動をするのは、必ずしも自信が足りないからではなく、しつけが足りないからだと考えるようになりました。もしくは、親が子どもに対する期待度を明確にしていないからだとも考えるようになりました。もしくは、行動に対する当然の結果（罰など）が起こっていないからかもしれない、とも。（げげっ！）

◆ふりこが振り戻ったのです。

　もちろん、教育のこれまでの伝統に従い、学校は自らの誤りをただ認めるだけでなく、今度は過剰に補償しました。振り子は正反対にぐ～んと振り戻されました。今日、教育をつかさどるコンセプトは自尊感情ではなくアセスメント、つまり様々なものを評価することです。

　ほんの最近まで、子どもたちは、夏、サッカー場でゴールを決めなくても走っただけで、あるいは一週間の昼食代を忘れず持ってきただけで、1週間に5個の単語を覚えただけで、賞をもらうことができていました。今では、私たちはすべてのクラスに対して、すべてのレベルにおいて、すべての科目でテストを行っています。参加するだけでもらえる賞など今はもうありません。テストに合格できるか、できないかのみです。

　留年して2度目の3年生なのにテストで低い点数をとったとすれば、子どもの自尊感情はどうなるでしょうか？　あるいは、州で規定されているからといって、幼稚園児の能力しか持たない10歳の子どもを、2時間のテストの間ずっと席についておかせようとしたらどうなりますか？　あるいは、コンピュータプログラミングの優れた技術を持つ高校生が、外国語のテストに合格できなかったらどうなりますか？　今や、自尊感情は大きな関心の的ではありません。テストの点数がその関心の的なのです。

　まったく、極端につっ走らずほどほどということはできないものでしょうか。

　こういう一発勝負のテストによって、親は子どもを心配するようになりました。当然といえば当然のことですが。親であれば誰しも、子どもには成功してほしものです。父親の車のバンパーに張ってあるステッカーには、"私の子どもはスーパー・デラックス・オーナー・ロール[1]に名前が載っているんだ"とあり、まるで自分の子どもがタコスか何かのように見せび

---

1) 成績優秀者名簿のこと。

らかしていますが、そんなことだけでなく本当に成功してほしいと思っています。親は、子どもが友だちをつくること、いい点数を取ること、学校が好きであること、を願っています。教師にはそう思えないかもしれませんが、先生や学習に対しても肯定的な態度を示してほしいと思っているのです。

◆**教育には、変化しやすいものと変化しないものがあります。**
　教育の歴史において変化しないものの一つは、家庭と学校が相互に協力し尊重し合えば、子どもがよりよくなるということです。教育における、その時々の重要問題は変化しやすいものですが、家庭と学校との強い連携は、子どもの可能性を成功に導くための最も信頼できる指針です。親とうまく付き合うための技術を発展させる上で教師が覚えておかねばならないのは、教師と親が協力し合えば、子どもに利益が返ってくるということです。

どんぐりは木からそれほど遠くには落ちない

　新学期が始まって数週間経った頃には、ほとんどの教師が気になる生徒を見つけています。もちろん、最も自然な対応としては、それぞれの子どもの両親と会い、その子どもの扱い方で、ヒントになるようなことを聞き出すことです。しかし、親との話し合いで5分も経たないうちに、予想もしなかった何かが明らかになったらどうでしょう？
　次のような会話を想像してください。例えば、

教師：ハイジはとても賢いお子さんです。けれど、私が私語をやめるように注意すると、よくない態度をとります。
親：（深いため息をついて）どのような？
教師：とても失礼な態度です。
親：どんなふうに失礼だったのでしょうか？
教師：顔の表情や声の調子がとても失礼に感じました。
親：（あきれたという顔をして）それが何か？

もしくは、

  教師：ティムは言葉づかいをもう少し丁寧にするように練習しないといけません。
  親：くそったれ、やつはまだガキだってんだ。

もしくは、

  親：バートの頭にシラミがいるといって、家につれて帰らされたのは今年になってこれで３度目ですよ。
  養護教諭：シラミの卵がついていると学校にいられないことになっています。
  親：今朝は大丈夫なようだったのに。
  養護教諭：彼の頭を見てあげたのですか？
  親：いいえ。でもバートが鏡でみて、もう大丈夫と言ってたのですよ。

もしくは、

  教師：問題は、私がアニーの行動をただそうとしますと、彼女は何も悪いことはしていないと言いはることです。
  親：たぶん本当に悪いことをしていないのでしょう。
  教師：私はアニーが友だちのクレヨンを折るところを見ているのですよ。でもそれをやっていないと言うのです。
  親：それは本当にアニーだったのですか？

もしくは、

  教師：ミーシャはじっとして座っていることができません。課題に集中

することが難しいようです。
　　親：そうですか。ところで、いつが社会科見学でしたっけ？

もしくは、

　　教師：パトリックは本当のことをなかなか言えないようです。
　　親：家ではそんなことはありませんけどね。

もしくは、

　　校長：ローガンが喧嘩をしましたので、停学処分にいたします。
　　親：（バンッとテーブルに手をついて）ちょっと！　私は子どもに、誰かにやられたらやり返せと教えています！

もしくは、

　　親：うちの息子が体育館前に車を停めて駐車違反キップを切られました！
　　監督：彼は障害者用の駐車スペースに停めていたのですよ。
　　親：練習に遅れそうだったんです。
　　監督：彼は障害を持っていません。
　　親：法律は健常者を差別していると思うわ。彼は障害をもっていないという理由で、特定の駐車スペースに駐車してはいけないと言われたのだから。不公平だわ！

　親と会ってみて子どものことがより理解できることもある一方で、親と教師の関係が必ずしも強まるわけではないことも理解しておくとよいでしょう。行く手の困難の度合いを測るには役立つかもしれませんが！

子どもと同じように、親にもそれぞれ違いがあります。良い教師なら、いろいろな子どもを指導するためのスキルを磨かねばなりませんが、同じように、いろいろな親と付き合うためのスキルも学ばねばなりません。

　親にはそれぞれ違いがあるとは言っても、生徒や親と何年か付き合っていると、繰り返し見受ける生徒や親の態度やものの見方の系統性に気づくようになります。名前や顔は違っても、彼らの思いはそう変わりません。

　次の章では、よく見られるそういう親の行動を取り上げます。それらの行動は、教師が自信を持って対応できるすべを身につけておかないと、教師生活をみじめなものにすることとなります。理不尽な要求を言ってくる親にどう対応するか（何と言うか、どう言うか）を考えておけば、実際にそのような親にあってもそれほど悩まずに済むでしょう。準備は成功の機会を増やしてくれます。

　ゴルフのコーチから選手に向けられた次のようなアドバイスが案外役に立つかもしれません。"自分のプレイをよく考えて、そう考えたとおりに動け"。

ピノッキオの母親

　ピノッキオの母親は、ピノッキオが嘘をついたという証拠がたくさんあるにもかかわらず、それを否定します。母親が本当にピノッキオが嘘をついていないと信じているのか、愚かにも、そう主張すれば他の人が信じると思っているのかは、定かではありません。彼女の主張があまりにもひどいので、教師は飛びあがって、「うそつきだ、うそつきだ、うそで尻に火がついている！」と叫びたくなるほどです。

　しかし、そんなことをしないでもちゃんと教師らしく対応する方法はあります。
　ピノッキオ（女の子ならピノッキア）は、母親が自分の言うことを何でも信じるということをよく知っています。さらに、母親は自分をかばってくれるということも知っていて賢く利用します。学校でトラブルに遭ったとき、どう行動すれば一番良いのかを知っています。その行動とは、教師から連絡が行く前に、自分から母親に何がどう起こったかを話す、というもので

す。

母親：（電話で）ピノッキオが帰ってきて、運動場で友だちから足を引っ掛けられて転んだと言うのです。先生はそれを見ていたのに、何もしてくれなかったそうですね。ピノッキオはおでこに真っ赤なあざをつけて帰ってきたのですよ。
教師：それは、実際にあったことと違います。
母親：それに、その友だちから叩かれたとも言っています。そのときも先生は何もしてくれなかったそうですね。
教師：先ほど言いましたように、それは、実際にあったことと違います。
母親：先生は、私の息子が嘘をついているとおっしゃるのですか？
教師：誰も嘘つきだなどと言ってはいません。しかし、実際は、ピノッキオがアンソニーをブランコから落としたのです。
母親：それはピノッキオが言っていることと違いますね。うちの息子は嘘はつきません。

この会話がこの先どうなるか明らかだ——、ただただ、同じことの繰り返しになるだけです。ピノッキオの母親は、教師が何をしたのかしていないのかのみに気をとられて、自分の子どもが何をしたのかしていなのかを考えていません。教師は、母親が子どもの行動を考えられるように働きかける必要があります。

母親：ピノッキオが帰ってきて、運動場で友だちから足を引っ掛けられて転んだと言うのです。先生はそれを見ていたのに、何もしてくれなかったそうですね。ピノッキオはおでこに真っ赤なあざをつけて帰ってきたのですよ。
教師：そうですか、私たちは、あなたの息子はなんて嘘つきなんだと驚いていますよ。

あっはっは！これはただの冗談です。教師はこのように*言いたい*のはやまやまでしょうが、今年度いっぱいで、あるいはもっと早くに教師を辞めようと思ってでもいない限り、このようなことは言いません。
以下が考えられる回答です。

　母親：ピノッキオが帰ってきて、運動場で友だちから足を引っ掛けられて転んだと言うのです。先生はそれを見ていたのに、何もしてくれなかったそうですね。ピノッキオはおでこに真っ赤なあざをつけて帰ってきたのですよ。
　教師：そうそう！　私がみんなに好き放題にやれと言ったんです。

　またまた、冗談ですよ！　怒っている親とうまく付き合うときの第一のルールは"皮肉は言わない"ということです。（もちろん、これは親のほうの教師とうまく付き合うときのルールでもありますが）いいですか？皮肉は言いません！
　以下がよりよい結果をもたらす会話の運び方です。

　母親：ピノッキオが帰ってきて、運動場で友だちから足を引っ掛けられて転んだと言うのです。先生はそれを見ていたのに、何もしてくれなかったそうですね。ピノッキオはおでこに真っ赤なあざをつけて帰ってきたのですよ。
　教師：ピノッキオは何か他に具体的なことを言っていましたか？
　母親：いいえ、ただつまずかせられたと言っています。
　教師：誰にやられたと言っていましたか？
　母親：（ピノッキオに向かって叫びながら）ピノッキオ！　先生が誰にやられたのかって聞いているわよ。（教師に向かって）アンソニーだそうです。アンソニーという子につまずかせられたと言っています。
　教師：それで、それはいつのことですか？

母親：昼食の後です。今日の。
教師：それで、彼はそれを私が見ていたと言っているのですね？
母親：そうです。そして先生は何もしてくれなかったと。
教師：運動場のどの辺りだったと言っていますか？
母親：（ピノッキオに向かって）運動場のどの辺りだったかって聞いているわよ。（教師に向かって）覚えていないそうです。
教師：そうですか、今日、運動場で小さなトラブルがありまして。実はピノッキオがアンソニーをブランコから落としたのです。私は、これは見ていました。
母親：（少し疑いながら）それはピノッキオが言っていることと違います。
教師：そうですか、もう少し、息子さんとお話をしてみてください。私は明日彼の話を聞きますので。

具体的なことに注目する――誰が、何を、いつ、どこで、どのように。最もだまされやすい親でも、ばかみたいに見られたくはないものです。誰が嘘をついているのかという議論に持ち込まれないように気をつけること。これは、教師か生徒か、どちらが嘘をついているのかということではなく、実際に起きたことに注目するということです。

他の例を取り上げてみましょう。

親：ピノッキアが研究レポートで0点をもらったと言っています。
教師：彼女は何も提出していないからです。
親：ピノッキアは先生が教室の外に出ておられるときに、先生の机の上に置いたと言っていますよ。
教師：机の上にはレポートは見当たりませんでしたよ。
親：私の娘が嘘をついているとおっしゃるのですか？

はい、教師は次にどう返答すると考えますか？

a）はい、カツラをかぶっている人のようにね。
b）お子さんの鼻を見て！（ピノキオのように伸びていませんか？）
c）具体的に、いつ机の上に置いたと言っていますか？

　はい、あなたの答えで正解。最初の２つは*心に思っていて*もいいですが、実際言うのは３番目にしておきましょう。ピノッキアが嘘をついているという証拠があったとしても、教師側が間違っている可能性も常に忘れないようにしましょう。考え方をオープンにして、以下のような質問をするようにしてみましょう。

・彼女のレポートの題目は何ですか？
・レポートには表紙がありましたか？
・他の子が提出しているときに、どうして彼女は提出しなかったのでしょうか？
・どうして彼女はレポートを私の机の上に置いたことを私に言ってくれなかったのでしょうか？

　もし、ピノッキアがこの手の嘘をついたのはこれが初めてならば、もしくは、わずかでも彼女が本当のことを言っている可能性があれば、おそらくレポートを受け取ることになるでしょう。けれども、本当にうちの娘は主張していることをやったのだろうかと、親が疑問を持てるように、教師はたくさんの質問をすべきです。また、ピノッキアのいたずらは今回が一回限りだということを、はっきりさせておく必要があります。以下のような寛大なアプローチを用いることを薦めます。

教師：レポートが教室のどこかにあるという可能性も考えられなくはありません。しかし、私には、どうしてそんなことが起こり得たのか分かりません。でも、金曜日までにもう一度レポートを提出すればよい

ということにしましょう。

　教師の中には、この返答は子どもの策略に降参したことになり、"子どもを罰から逃れさせる"ことになると考えるものもおそらくいるでしょう。しかし、このような返答の仕方により得られる結果に注目することが大切です。ピノッキアは結局、課題をしなければならなくなったわけですし、また、もうこの先生にはこの策略は使うまいと思うでしょう。

　私の経験では、子どもも同席させて母親と話すと良い結果につながる可能性が高いです。また、同席しているなら、生徒と直接話すことをお薦めします。私の理論では、生徒にとって教師より母親に嘘をつくほうが簡単なのです。

> **ピノッキアの母親**：放課後に先生の所に行っても何も教えてくれないと、娘が言っているのですが。
> **教師**：(直接に生徒に対して) 先生が、何も教えられないと言ったかしら？
> **ピノッキア**：先生は時間がないと言ったわ。
> **教師**：(生徒に対して) それはいつのこと？
> **ピノッキア**：先週の火曜日です。
> **教師**：ああ、思い出したわ。職員会議があるからと言ったわね。
> **ピノッキア**：‥‥‥(沈黙)
> **教師**：先生が次の日の水曜日なら教えられると言ったのは覚えている？
> **ピノッキア**：いいえ。
> **教師**：先生が水曜日に来るように言ったのを覚えていなかったのですね。
> **ピノッキア**：‥‥‥(沈黙)
> **教師**：(親に対して) 私は水曜日の放課後に質問タイムをしているといつも言っているのですが。

母親：ピノッキア、本当なの？　水曜日に行くはずだったの？
　　ピノッキア：たぶん……。

　時に、ピノッキアは母親についたうそが膨らみすぎて、そこから抜け出せなくなってしまっていることもあります。子どもは初め小さな嘘からはじまって、ある理由また他の理由で嘘を重ねてしまいます——判断がまずいために。自分で苦しい状況を作り出し、そこから抜け出せなくなってしまいます。

　　母親：ピノッキアは単位を落としそうだということを知らなかったと
　　　言っているのですが。
　　教師：（ピノッキアに対して）先週そのことについて、あなたと私で話したわよね？
　　ピノッキア：私が単位を落としそうだとは言われなかったわ。
　　教師：先生は、あなたが平均52点しか取れていないと言いましたよ。
　　ピノッキア：でも、単位を落としそうだとは言われなかったわ。
　　母親：先生はピノッキアにはっきりおっしゃらなかったようですね。

　こうなりますと、「52点がどういうことかわかってる？　成績優秀者名簿にでものるような成績だと思ってた？」とでも言ってやりたい気持ちになるでしょう。しかしそうではなく、教師はその生徒がもういっぱいいっぱいになっていることを理解します。

　　教師：では、はっきりさせておきましょう。あなたはこのままだと数学の単位を落としてしまう可能性大です。理由は宿題をしないからよ。あなたは賢い子だけれど、勉強はしていないね。
　　母親：ピノッキア、本当なの？　宿題をしていなかったの？
　　ピノッキア：うん、少しはしていたけど。

教師：少しでは足りないんですよ。全部やらなきゃいけないの。水曜日の放課後に来てみる？
母親：行くようにさせます。

低学年の子どもについても、本人が一緒にいることはプラスになりますが、子どもを脅す形にならないように気をつけたいです。

母親：ピノッキオが書き取りのテストのときにカンニングをしたと、先生はおっしゃったそうですね。ピノッキオはカンニングするような子ではありません。
教師：ピノッキオ、テストのときに何があったのかお母さんに話してごらん。
ピノッキオ：もう話しました。
母親：ピノッキオはただティッシュが欲しいと言っただけだと言っていますよ。
教師：本当ですか？　本当にそうだったっけ？
母親：彼はアレルギーがあるのです。
教師：私の机の上にティッシュを置いているのですよ。ピノッキオ、知っているよね？
ピノッキオ：（うなずく）
教師：それならば、テスト中に誰かに何かを頼む必要はないよね？
ピノッキオ：（うなずく）
教師：じゃあ、勉強してもう一度明日テストをするっていうのはどう？
母親：公平ではないような気がしますが、よろしくお願いします。

このようなテクニックを私は、"メッセージの伝達"と呼んでいます。教師の中には、生徒が本当のことをすべて話さなくてはならないという間違った考え方をするものがいます。このような教師は、ピノッキオが「わ

かった！　わかったよ！　僕を捕まえればいいよ、おまわりさん！　僕はうそつきだ！　僕はカンニングをしたんだ」と叫ぶまでいかないと事が完結しないと思っています。そして手錠をかけてしょっぴかねばくらいに考えています。

　子どもにありがちな過ちをしたからといって、そんな大騒ぎや、生徒をこてんぱんに侮辱するようなことは不必要です。（もちろん、ここで言う過ちとは未熟な判断ミスレベルのものであり、停学やそれ以上の処分をしなければならないような深刻なものではありません）メッセージを伝えることに力点を置く場合は、メッセージを受け取ってもらえたということが確認できればいいのです。例えば、先ほど紹介した会話の中で、ピノッキオはうなずくことで暗黙のうちに自分が間違いを犯したということを認めており、教師は追及をそこまでに留めました。教師はピノッキオがメンツを保つために嘘をつき続けなくてはならないという状況に追い込まれるのを避けたのです。

　別の例を示します。

母親：ピノッキアは特別レポートの提出期限が金曜日だということを知らなかったと言っているのですが。
教師：ピノッキア、月曜日は学校に来ていましたよね？
ピノッキア：はい。
教師：月曜日に課題の説明をしたのだけれど。
ピノッキア：覚えていません。
母親：提出までが５日間というのは短すぎると思いますが。
教師：そうですか、他の生徒たちはほとんどその期限で提出していますよ。
ピノッキア：先生の話を聞いていませんでした。
教師：ではどうしたら、特別レポートを終わらせられるの？

　親や生徒が教師の言うことに同意を示すような言動を見逃さないよう

に。先ほどの例では、ピノッキアが「先生の話を聞いていませんでした」と言った瞬間に教師は解決策の話に移りました。ピノッキアは教師の言ったことに反抗せず、実際、わずかながらも自分の非を認めています。このときに、「いつもみたいに、あなたは先生の話を注意して聞いていなかったんだね」とか、「他のみんなは聞いていたみたいだよ」とか、「聞くかわりにおしゃべりしてたのね」などということを言う必要はありません。このようなことは教師がこれまで100年以上言い続けてきたことですし、もう効力はすたれてほとんど意味がありません。それに、ピノッキアと母親をさらに教師から遠ざけることになります。

「課題ははっきりしていたし、ピノッキア、あなたはそれを知らなかった」というメッセージが伝わり理解されたことが確認できればよいのです。メッセージが伝わったと確認できたとき、もっと平和的な問題解決に至る可能性が増します。教師として求められるのは、ダメージを与えて罰することではなく、子どもの行動上の変化を促すことであるということをしっかり覚えておいてほしいです。

　もちろん、けんか、いじめ、ハラスメントなど、生徒に悪い行動を認めさせる必要のある深刻な場合もあります。メッセージの伝達は、ありふれた普通の誤解程度に使うテクニックです。生徒の嘘があなたの専門性、道徳性、知性、モラルなどを攻撃するものであったときは、あなたには教師のすべき義務と自分自身を守る権利があります。

　もう一つ付け加えれば、「メッセージの伝達」手法は一度限りのもの。生徒が同じことを2度繰り返した場合は、もうそのようなお目こぼし策はありません。

母親：（1ヵ月後）ピノッキアはテストが金曜にあるということを知らなかったと言っているのですが。
教師：ピノッキア、どうして知らなかったということが起こりえたの？

ピノッキア：わかんない。ただ知らなかっただけ。
教師：授業のときにもテストをすることを言ったし、黒板にも書いていましたよ。
ピノッキア：黒板なんて見ていませんでした。
母親：テストを受けなおすことはできますか？
教師：残念ですがそれはできません。また、別の機会がありますので、そこで点数をよくすることですね。ご存知のように、このようなことは前にもありましたよね。ピノッキアは課題をしっかりメモしておく必要がありますね。おうちでお母さんがチェックしてあげるといいかもしれません。

　ピノッキアの母親とうまく付き合うためのポイントをまとめて示しておきます。

◎誰が、何を、いつ、どこでなど、具体的なところに注目すること。質問しないまま事を進めないこと。
◎あなた自身が持っている情報をはっきりと、すぐ利用できる状態にしておくこと。もし、課題を提出しないことが問題であるならば、どんな課題をいつ出したかを確認しておくこと。もし、成績が問題となっているのであれば、使っている評価基準やテストのコピーを準備しておくこと。もちろん、ときには親の苦情が予期しないことである場合もありますが、たいていの教師は親からの電話を受けたとき、何が問題でかけているのか、およその見当がつくものです。
◎生徒が同席しているのであれば、親の前で子どもに直接話すとよいです。生徒の年齢が上がるにつれて、直接話しやすくなります。低学年の子どもであれば、教師が子どもを脅しているように見えてしまうことも多いです。高学年の子どもであれば、子どもに多少プレッシャーを与えることも可能です。しかし、それはあなた自身を守るためではなく、事

実関係を探すことが目的であるということをしっかり認識しておきましょう。

◎子どもが正直であるかどうかの言い合いに巻き込まれないように。「うちの子どもが嘘つきだとおっしゃるのですか？」というように、親があなたの怒りをあおるような質問をしたときには、受け流すようにすること。その代わり、「何が起きたのかを正確に確認しようとしているのです」という、その問題への姿勢からそれないようにする必要があります。

◎生徒にすべてを白状させなくても「メッセージを伝達すること」ができれば、あなたの望む結果を得られるということを覚えておきましょう。

　自分の子どもが他の子たちのように嘘をつくこともあるということをピノッキオの母親が認めることはまずありません。これが子どもなりのサバイバルスキルであること、しかもこの点においては必ずしも性格上の欠陥というわけではないということを母親はわかっていません。たいていの子どもたちは成長とともにこうしたことはしなくなります。逆に、年齢が上がっても引き続き嘘をつき続ける子は将来政治家になれるかもしれません。

マントを着た正義の味方

　すべての親は子どもが何を学んでいるのかを知る権利と責任があります。しかし、自らをマントを着た正義の味方と思っているような親は、自分の考え方や原理を誰もが受け入れるべきだと考えています。さらに、その考え方が学校区全体に広がるためには闘いもいといません。

　よく正義の味方が標的とするのは学校のカリキュラムです。彼らは教師が選定した教科書を本心から否定し、正式な理由付けを持って子どもに読ませないようにすることさえあることを心得ておいてください。実際のところ、親が自分の子どもに特定の本を読ませたくないと主張する権利はあります。しかし、クラス全員にどの本を読ませるかということを選定する権利はありません。

　正義の味方の典型的な会話は以下のようなものです。

正義の味方：私たちは、先生がクラスの子どもたちに読ませようとしている本には問題があると思います。

教師：本当ですか？　どのような問題でしょうか？

正義の味方：子どもたちが読む本としてはふさわしくないと思うのです。

教師：どうしてでしょうか？

正義の味方：そうですね、一つには言葉遣いです。それに、本の中の出来事もふさわしくないと思います。

教師：その本を読まれたのですか？

正義の味方：その必要はないと思います。読まなくても、何が書かれてあるかわかりますから。それに今私が言っていることは、ほかの親御さんも思っていることです。みなさん言う勇気がないので、私が代わりに言っているのです。

教師：これまでにそのようなことを言って来られた親御さんはいらっしゃいませんでしたが。

正義の味方：先ほど言いましたように、他の親御さんはためらっているのです。私は自分の子どもだけでなく、他の方の子どものためにも危惧しているのです。このような本を選ぶべきではないと考えます。

　こういう親に付きまとわれた教師としては、ひょっとしたら自分のやっていることが、"正義の味方"が言うように、誰かの、特に親たちの、懸念を掻き立ててしまっているのでは、と考えてしまうかもしれません。しかし、この考えはちょっと無理があるように思われます。教師は、「いったい、親たちは何を不安に思っているのだろう？」と尋ねたくなります。しかし、回答はおそらく、「言うこと自体をためらっているのではないか」というものでしょう。

　「読んだこともない本の批判をする変な人」として教師は正義の味方を無視したい気持ちにかられるかもしれませんが、それは間違いです。こういう人の相手をするのは面倒ですが、実際には、他にも特定の教科書の選定に異議を唱える親たちが出てくる可能性もありますし、そうであれば彼

はそのテストケースということになります。この人が満足できる解決に至らなかった場合、他の親たちも集団となって批判をしてくることが考えられます。

　正義の味方は、とてもたくさんの人を代表して意見しているとほのめかしながら話そうとします。ですから、面談の初めの時点でそのたくさんの人とは誰なのかを明確にすることが重要です。

正義の味方：私たちは、先生がクラスの子どもたちに読ませようとしている本に問題があると思います。
教師：その"私たち"とは誰のことでしょう？　明確にしていただけますか？
正義の味方：それは、私です。そして私の妻もです。
教師：わかりました。あなたと奥さまが、私たちの選んだ本に問題があるとお考えなのですね。どこに問題があるのでしょうか？
正義の味方：そうですね、一つには言葉使いです。
教師：確かに、この本の中には、普段の授業では使わない言葉がありますね。
正義の味方：ならば、どうしてそのような本を読ませようとするのですか？
教師：いくつもの大きな苦難を克服した若者、というこの本のトピックが子どもにとって良いものであると考えたからです。
正義の味方：しかし、ジェーンにはこんな本は読ませたくないのです。
教師：わかりました。ジェーン用には他の本を探しましょう。[1]

　会話は早く終えられるように制限するのがよいでしょう。教科書に関す

---

1) アメリカでは、教室に幅広いレベルの本が準備されており、国語の時間には、子どもはその中から自分のレベルに応じた本を選んで読むというスタイルの授業が行われることが多い。

る会話の運び方の例をもう一つ紹介しましょう。

> 正義の味方：私たちは、先生がクラスの子どもたちに読ませようとしている本に問題があると思います。
> 教師：その"私たち"とは誰のことでしょうか？
> 正義の味方：私です。それに私の妻もです。
> 教師：では、あなたと奥さまが問題があると思われていることについて、まずお聞きしましょう。

教師は、賛否両論あるような本を子どもに読ませようとするときには、事前に両親宛てに便りを出しておくとよいでしょう。便りの内容は以下のようなものです。

保護者各位

　次学期に、クリス・クラッチャー著作の「クジラの会話」という本を読もうと考えています。この本では、成人用の言葉がいくつか使われていますが、個人の勇気に関しての学習の一部となる予定です。内容は、社会的に適応できていない高校生のグループが、ある目標を試行錯誤の末に達成し、その結果、人生が変わったというものです。
　この本を子どもに読ませたくないというご家庭がありましたら、お知らせください。別の読み物を準備いたします。

事前に成人用の言葉について指摘しておくことによって、親に対して、対立せずに別のものを選ぶ機会を与えています。こうすることで、先回りしていくらかは問題を阻止することができます。阻止できないときもあるでしょうが。

親には、子どもが何を読んでいるのかを知り、教師の選択についてその

理由を尋ねる権利があります。自分自身と自分の子どもに関して意見を述べる権利もあります。しかし、その他の人やその子どもを代弁する権利はありません。すべての人間を思い通りにしようとする親とうまく付き合うために、たいていの学校は検閲ポリシーを定めています。校長に念を押すためにも、教師や司書はこのポリシーに何がどう書かれているか正確に理解しておく必要があります。この手のポリシーの多くは、該当の本がどう問題であるかを示していくプロセスを明記しています。そのプロセスはまず、質問項目から始まります。質問項目は親がその本のどこに反対意見を持つのかということを明確化させるためのものです。つまり、本を読んでいなければ回答はできません。

　学校に検閲に関するポリシーが定められていないならば、校長または司書にポリシーをつくることを提案するよう強く薦めます。学校によっては、教師・司書・管理職・保護者から成る特別委員会を設置して、検閲ポリシーを吟味し、教育委員会への進言もしているというところもあります。ポリシーの見本となるものは、全米学校図書館司書協会（the American Association of School Librarians）や全米英語教師会（the National Council of Teachers of English）などから入手できます。[1] 近隣の学校区で検閲ポリシーを制定しているところがあれば、コピーをもらうのもいいでしょう。

　しかし、あなたの学校が検閲ポリシーを持っておらず、校長がポリシーをつくることに意欲的でない場合はどうすればよいでしょうか？　さらに最悪のパターンとして、校長自身が本の一冊まで口を挟みたいタイプだったらどうしましょう？　そのような場合には、事前に、使おうと考えている読み物やCD／ビデオのリストを校長に見せて、それを使ってもよいかどうかを確認しておくのが得策でしょう。

　そうすることはせっかく存在する検閲ポリシーを冒すことにもなりえますが、自分が選んだ本に対して本気で反対をしてくる親がいるとしたら、

---

1) 日本では、全国学校図書館協議会が図書選定基準を定めている。参照されたい。

管理職の支援なしで対応するようなことはぜひ避けたいものです。このような意見の不一致はあっという間にエスカレートすることもありますし、その結果、教育委員会の会議の席で、敵意をむき出しにした親たちを前にして、どういう理由でカリキュラムを構成したのかを説明しなければならないような破目には陥りたくはありません。学問の自由を損なうような耐えられない状態になってしまったら、その状況で学校区の支援なしに自分を守り通すのは困難です。むしろ他の仕事を探したほうが賢明なくらいでしょう。

地域コミュニティの価値観や管理職側の度胸のなさのために、時として検閲ポリシーは無視され、特定の本が図書館の書棚から取り除かれたり、教師の読書リストから外されることもあります。もしこのようなことが起こったら、教師は仕方なく他の本を選ぶか、仕事をするのに他の学校区を選ばざるを得ません。

もし別の本を選ぶのであれば、生徒に前に選んだ本が使用禁止になった理由説明をすることを忘れないように――。「本を読めるかどうかも定かでないような程度のバカな親たちが『読ませない』と言いましたから」ではなく、「保護者の反対意見をもとに、その本は読まないということを学校区で決めました」というように。子どもがその理由について詳細を知りたがったときには、「お家の人に聞いてみてください」と言い、それ以上は語らないこと。教師の言ったことをその意図とは異なる形で引用されて、その結果、また感情的にこじれるのは避けたいものです。

（過去に、さまざまな地域コミュニティがいろいろな本を使用禁止にしてきました。それらのうち多くは、古典として扱われているものでした。「トムソーヤの冒険」、「アラバマ物語」、「アルジャーノンに花束を」「アンネの日記：少女の日記」、「わたしの秘密おしえてあげる」などですが、残念ながら、このような禁止リストはこの数作だけにとどまりません。図書館司書のことを破壊行動をする人たちの集団だとは普通誰も思ってはいませんが、私が知っているだけでもいくつかの学校ではなんと"禁止本週間"という期間を毎年設けています。その期間は学校の図書館の目に付きやすいとこ

ろにそれらの本が展示されます。そして「憲法修正第一条（信教の自由や言論の自由などの権利保障をしたもの）を祝おう－禁止本を読もう」と表示がされます。もちろん、子どもは大喜びです。）

　周知のことですが、これまで、宗教の右派により組織されたさまざまな団体から標的にされた教師が大勢います。（おそらく、"宗教の左派"もいるのでしょうが、そういう人たちが団体をなして、忍耐力や多様性や包括性を促進するような本を読ませろと主張して校門前に座り込みをするとか、「ダーウィンは正しい」などというプラカードを持って騒ぐというのを目にしたことはありません。そのような団体だって組織されてよいと思うのですが……）今や、教育は保守主義の時代に入り、現在注目されているのは、学校の評価とアカウンタビリティ[1]です。特定の宗教団体や政治団体は、自らが掲げた基準をすべての人への基準として準拠させることに焦点を置いています。
　もちろん、振られた振り子は、いずれはもとに戻るでしょう。私は、そう遠くはない将来、教育においてより理にかなった適切なアプローチを取れるようになるだろうと思っています。そのアプローチとは、適度な学問的柔軟性や、子どもが学んだことすべてをテストしなくてもよいですし、テストしきれるものではないという認識を含むものです。それまでの間は、意見の食い違いを生じさせる可能性があれば、前もって保護者や管理職に伝えておくというような手段をとっておき、授業における判断や自分の職を弁護するのに学校の支援無しでしなければならないような事態は避けたいものです。

　マントを着た正義の味方は、自分の個人的な信念をカリキュラムに反映させようとするばかりでなく、自分や自分の子どもの利益のために、他

---

[1] 説明責任のこと。学習の評価を含め、学校教育の成果等を保護者や地域住民に説明する責任のこと。近年、保護者や地域に信頼される学校づくりのため、重視されている。

の学級のやり方にも口出ししようと考える可能性もあります。

　正義の味方：ベンがなかなか朝起きられないのです。
　教師：ベンはだいじな国語の授業を週に何度か欠席していますね。
　正義の味方：ベンが学校に着くまで授業の開始を待つ、という手もありますよね？

　明らかに、一人の子どもが寝坊したいからという理由で、みんなの授業のスケジュールを見直すような必要は教師にはありません。しかし、時には正義の味方にとっては根拠のある心配が実際に存在することもあり、教師に理解やクリエイティブな発想を要求してくることもあります。

　正義の味方：先生が5年生の子どもたちをふれあい体験ができる動物園に連れて行くということを聞きました。
　教師：そうです、ちょうど動物に関する単元を終えたところで、その単元で出てきた動物を見に行きたいと思うのです。
　正義の味方：先生は息子のドニーが動物の毛にアレルギーを持っていることをご存知ですよね？
　教師：そうなのですか？
　正義の味方：そうです。ドニーは動物園には行けません。ドニーだけがクラスの活動に参加できないというのは不公平だと思います。仲間はずれにされたと感じるでしょう。一人の子どもが行けないのなら、全員を行かせないようにするべきだと思います。

　このような問題には慎重に回答することが必要です。他の25名の8歳児はバンビとふれあうことを楽しみにしているのですから、「わかりました、では、中止することにします」と回答するわけにはいきません。また、中止にするということは、ドニーのクラスでの立場を良くすることにもなら

ないでしょう。代わりに、このような回答をしてみたらどうでしょう。

教師：動物園に行く日にお母さんも一緒に来ていただけませんか？きっと、動物園で息子さんができることもあるはずです。動物園内の建物には面白い展示やビデオを見ることができるところもあります。どうするかはお母さんの判断にお任せします。

教師にとって、少数派のニーズと多数派の権利のバランスを取ることは簡単なことではありませんが、なすべき正しいことです。思いやりのある教師は、可能な限り子どもたち全員が意味のある方法で活動に参加できるようにと努力をします。

しかし時には、多大な努力にも関わらず、怒りや不安を鎮めてくれない親たちもいます。会話が以下のように進んだ場合を考えてみましょう。

教師：動物園に一緒に来ていただけますよね。きっと息子さんができることがありますし、お母さんなら何ができるかご存知ですよね。
正義の味方：ちょっと先生、私はそんなことのために仕事を休めませんよ。息子が動物園に行けるような方法はありません、だから中止にしてくださいと言っているのです。
教師：申し訳ありませんが、それはどうしてもできないのです。
正義の味方：わかりました、校長先生にお話したほうがよさそうですね。
教師：その必要があるとお考えになるならば、そうなさってください。

運がよければ、校長はあなたの判断を支持してくれるでしょう。もし、だめで、動物園行きを中止する場合には、他の子どもの親に対して、この決定が教師個人によるものではなく学校の規則によるものであるということを校長から説明してもらうといいです。

しかし、補足しておきたいのは、最近の教師は、子どもの医療上の問題

にも関心を払っておかなければならないということです。医療上の問題はクラスの活動のやり方に大きく影響を与えるものですし、関心を払うことで今回のような論争を避けることができるからです。クラス活動への参加に影響するような、ぜん息やアレルギーなどの問題を持つ子どもがいることを事前に知っておけば、それらの問題を考慮した活動計画を立てることができます。そうすれば、親たちは教師の配慮に感謝してくれるでしょうし、ましてや子どもが仲間はずれにされたと怒ることはないでしょう。

　教師の中には、とくに新任の教師たちには、自分の力不足であると思われたくないがゆえに、主張を曲げない親との問題を校長に相談したがらない者がいますが、これは間違いです。校長自身が力不足である場合を除いての話ですが。(もしそうならば、これこそが大きな問題である)。腹を立てた親に対応することも校長の仕事の一つですから、校長に任せればよいのです。また、教師が自分の仕事をできるように、事前に面倒を処理することも校長の仕事の一つです。正義の味方が問題となっているのであれば、毎回、校長のところに行くように促すことです。

　もし、校長に相談できない場合は、ベテラン教師に相談するとよいでしょう。ベテラン教師は同じような事態にさらされた経験があるでしょうし、アドバイスをしてくれるだけでなく、実際に面談にも——爆発しそうな不安定な状況の中で、緩衝材としてまた証人として——出席してくれるでしょう。

　正義の味方とうまく付き合うためのポイントをまとめて示します。

◎すべての親は、子どもが何を学んでいるのかを知る権利があり、活動に参加しないことを選ぶ権利を持ちます。このような異議を個人的な批判として受け取らないように。
◎反対の議論が出そうな課題の場合、親に事前に知らせたり、事前対策を採ったりしておくことで、親との対立を避けること。問題が起こる前に、

その可能性を知らせてもらえていれば、親もありがたいと思います。教師の判断に必ずしも同意しないとしても、親への断りなしに何かを子どもに押し付けようとしたとは考えないでしょう。また、教師が呈示した情報を無視しておきながら判断に文句をつけてくる親がいれば、前もってお知らせしましたよと指摘することができます。

◎学校として検閲ポリシーをもつこと。学校に検閲ポリシーがない場合は、作ることを薦めること。それはあなた自身を守ることにつながります。
◎もし問題が長引くようであれば、校長に相談すること。

　覚えておきたいのは、正義の味方の意見は受け入れがたいものであっても、核心をつくこともあるということ。心を開いていれば、理にかなった妥協案を見つけられるでしょう。もしそれができない場合は、何が自分にとって重要か、子どもにとって重要かを判断すること。教師の仕事は親との考え方の違いを解決することではなく、教えることです。校長に中に入ってもらって、解決をしてもらうようにすること。

　正義の味方を説得することができれば、そのエネルギーをよいことに利用したり悪質な親に打ち勝つことに活用できます。自分の信念が見つかりさえすれば、彼らは疲れ知らずに働くことができます。運がよければ、正義の味方の力の矛先を校庭の遊具購入のための募金活動に向けてもらったり、ひいては学校予算へのサポートとしても力を蓄えてもらえるかもしれません。

「うちの子いじめないで」型の母親

　対立が起こると、自分の子どもだけがいじめられていると教師を非難する親がいます。そういう親は、たとえ自分の子どもの行動が容認できないものであったとしても、他の子どももみんな同じことをしていると主張します。そして、その親は教師に「全員を罰するのでなければ、わが子だけを罰するべきではない」と言うでしょう。

　もし、教師がクラス全体を罰すれば、こういう親は、自分の子どもだけは悪くないので罰さないように求めるでしょう。（いずれにせよクラス全体を罰することは望ましくない考えであり、そういう対応するような教師はもうこの地球上にはいないと思いたいです）

　ここに、「うちの子いじめないで」型の方の母親との会話の例があります。

親：先生は、アマンダのTシャツが好ましいものではないので、今後学校に着てくるべきではないとおっしゃったそうですね。

教師：ええ、その通りです。

51

親：それで、同じようなシャツを着ている他の子どもたちはどうなんですか？

教師：他の子どもというのは？

親：廊下にちょっと立っているだけで、うちの娘よりもひどいシャツを着ている子どもたちが10人くらい見ることができますよ。なぜうちの娘だけを特別扱いするんですか？

教師：あなたは"I put the F-U in Fun"[1]などと書いてあるTシャツよりひどいのを着ている子どもを10人見つけられるんですね。

親：それは、歌詞の一部ですよ。

教師：私たちは子どもたちにそのようなTシャツを着せないことにしているんです。

親：娘には、彼女が着たいものは何でも着られる権利があると思います。他の子がそうなら、うちの娘もそうです。

もちろん、教師は通常、まず、「なぜ親は子どもの『無礼になる』権利を守ろうとするのだろうか」という疑問をもつでしょう。そして、さらに「こんな言い回しのある歌の残りの歌詞はいったいどんなものなんだろう？」とも思うでしょう。

私はどちらの疑問にも答えることはできませんが、上の例の教師が問題の焦点からずれてしまっていることはわかります。服装についての校則は個人的なものではなく、全ての子どもにあてはまることです。もう一度やってみましょう。

親：先生は、アマンダのTシャツが好ましいものではないので、今後学校に着てくるべきではないとおっしゃったそうですね。

教師：ええ、そのとおりです。私たちの学校の服装規則では、生徒は挑

---

[1]「楽しんでお前を殺してやるぞ」というような卑劣な言葉。

発的であったり不快であったりするメッセージや写真のTシャツを着てはいけないことになっています。
親：他の子どもはどうなんですか？
教師：ここで問題にしているのはアマンダのTシャツことですよ。アマンダのシャツは不快にさせるメッセージが書かれているものということで服装規則に違反しています。
親：他の子どもも同じことをしているじゃないですか。
教師：服装規則がそのようなシャツを禁止しています。
親：私は、先生がアマンダだけを特別視していると思うんですが。
教師：服装規定はどの子にも適応されます。不快なメッセージのあるTシャツは禁止されています。
親：外に出たら同じような不快なメッセージのあるシャツを着ている子どもが10人くらいいますよ。
教師：服装規定のコピーをお渡ししましょう。

「壊れたレコードのように、違う方法で同じことを何度も繰り返し、メッセージを送り続けるテクニック」は新しいものではありませんが、いまだ効果的です。これには自制する力が必要となります。教師は、その子どもが特別視されているかどうかについての対立に引っ張り込まれることがないようにしなければなりません。

他の例を見てみましょう。

教師：我々はブライアンが汚い言葉を使うことを許すことはできません。
親：彼だけがそういった乱暴な口をきいているわけではありません。
教師：彼の言葉は学校にふさわしくないんです。
親：他の子どもたちも同じように乱暴な口をきいているわ。
教師：私の教室では、ブライアンはそのような言葉を使うことは許され

ません。
親：他の子どもたちはどうなんですか？
教師：私の教室では、どの子にも乱暴な口をきくことを望んでいません。これはブライアンも含んでの話です。

たしかに、学校の規則がすべての子どもに等しく適用されているかどうかを疑問に思う親がいても不思議でない状況もあります。しかし、服装規定の違反や悪い言葉遣いをした生徒をことごとくつかまえることは、不可能でないにしても著しく難しいことを、そういう親は理解していません。また、中には、否応なしに同じ問題行動を繰り返してしまって別の違反行動においても他の子どもより呼び出しを食らいやすくなる子どもたちもいます。

そのようなことを踏まえ、教師は規則をできるだけ公平に適用するように絶えず注意する必要があります。しかしながら、最も客観的な規則でさえ解釈がいろいろある場合があります。別のバージョンで、アマンダの母親と教師との会話を考えてみましょう。

親：先生は、アマンダのTシャツが好ましくなく、もう学校に着てきてはいけないとおっしゃったそうですね。
教師：ええ、そうです。私たちの学校の服装規則では、挑発的なものや不快な思いをさせるメッセージや写真のついたTシャツは着てはいけないことになっています。
親：他の子どもはどうなんですか？
教師：ここでの問題はアマンダのシャツです。アマンダのシャツは不快にさせるメッセージが書かれているという点で服装規則をやぶっています。
親：他の子どもも同じことをしています。彼らには誰も何も言わない

じゃないですか。
教師：あのですね、毎日、全ての違反を取り締まることはできません。私たちは子どもたちの服装を確認するため最善を尽くしていますが、全てを見ていると言っているわけではありません。この学校には800人の生徒がいます。全てを取り締まることはたいへん難しいことです。しかし、できる限りの対応はしています。
親：私はただアマンダだけを咎めてほしくないのです。
教師：お気持ちはわかりました。アマンダがあのシャツを着てこないようにしてくれると、我々も嬉しいのですが。
親：わかりました。しかし、先生は他の子どもも見る必要がありますよ。

最善の努力をしたにかかわらず、結果はいつも完璧であるわけではない、ということを教師が認めるのは悪いことではありません。アマンダ自身、同じシャツを着ていたのに気づかれずに見逃されていたことさえあるかもしれません。しかしながら、教師の仕事の一つは服装規則を遵守させることであり、それをする必要があります。

時々、問題は服装ではなく、行動であることもあります。親の中には、他の子どもにはある「権利」が自分の子どもには与えられていないと考える親がいます。

親：私は、ラルフが放課後に友だちを待っていることの何が問題なのかを知りたいんです。
校長：もし生徒がここにいる理由がないのであれば、授業が終わったら帰宅する必要があるのです。道草をくってはいけません。
親：ラルフはここにいる理由があるんです。彼は友だちを待っているのです。
校長：それは理由にはなりません。
親：「理由ではない」とはどういうことですか？　友だちを待つことは

理由にならないのですか？
校長：放課後に学校に残る生徒には教師や指導者と一緒にいることになっています。生徒は廊下でウロウロしていてはいけないことになっています。
親：それじゃ、うちの子だけが放課後に廊下にいたみたいじゃないですか！　冗談じゃない。

　たったひとりの自分の子どものふるまいが、20、50、100人の他の子どもたちが同様に行動することによってどのように広がっていくのかを見る機会が親にはないことを覚えておきましょう。一人の子どもが放課後に友だちを待つことは本当は大したことではありません。けれど、これが50人ならば大変なことになります。もう一度やってみましょう。

親：ラルフはここにいる理由があります。彼は友だちを待っているのです。
校長：私たちは監督者なしに生徒が学校に残ることを認めていせん。それは私たちと彼らの保護のためです。
親：友だちを待つことの何が問題なのか私にはわかりません。
校長：もしそれがラルフだけなら問題ではありません。しかし、放課後は監督者なしでウロウロしたい子どもたちがたくさんいるので、それが問題なのです。それは子どもたちがトラブルに巻き込まれる機会にもなり、私はそれがラルフに起こってほしくはないのです。
親：賛成したわけではないけれど、あなたが言っていることはわかるわ。

　たいていの親は、自分や自分の子どもたちがやりたいことを皆がしたらどうなるかをほとんど考えていません。親たちは自分たちの必要なものに焦点をあてていますから、そうなるというのもわかります。しかし私たちは教師として、行動は伝染することを知っています。もし、一人の２年生

の子にスペルテスト中に水を飲むことを許したら、次に起こることは、みんなが干ばつにでもあったかように水を飲みたくなるということです。もし一人の子どもがスクールバスの中で吐いたら、みんなが吐きそうになるのは必至です。

　我々は、「規則とは一見そうは見えなくても、みんなの利益、プラスになるために作られている」ということを、親が理解できるように助ける必要があります。

【例】
　母親：アレルギー注射に行くのでカートを教室まで迎えにいきます。
　教師：本来、この学校の方針では、親が保健室に行き、保健室の先生がカートを連れてくることになっています。
　母親：私が教室に行く方がいいわ。その方が早いですから。
　教師：親御さんには教室に来ていただかないようにしています。他の子の気が散りますので。
　母親：私は、自分で教室に子どもを迎えにいくことがそんなに大きな問題と思えないのですが。保健室に行くのは不便です。
　教師：そうですね。しかし、この学校には日中に医者や歯医者の予約がある生徒がたくさんいます。もしすべての親御さんが直接子どもの教室に行けば、ずっと授業の邪魔をされることになります。また、このご時世ですから、安全面から言っても、たくさんの大人が校舎内をうろうろされるのは本当に困るのです。
　母親：なるほど、そんなことまで考えていませんでした。

　あなたが時間をとって、なぜ規則に従わなければならないかを親に説明すれば、たとえ賛成はしなくても、たいていはその理由を受け入れられるでしょう。しかし不運にも、それがいつもそうであるわけではありません。

親：先生にはアリーシャの携帯を取り上げる権利はありません。

教師：彼女は私の数学の授業中に携帯で話していたのです。

親：あの子は私と話していたのです！　あの子はただ学校から帰るのが遅くなると電話をかけただけです。

教師：そうですか。しかし、数学の授業の真っ最中だったのです。私たちは、携帯電話で授業を邪魔する子どもを許していません。

親：他の生徒も教室で携帯をもっています。先生はあの子だけを選んで罰したのです。

教師：ええ、たしかに他の生徒も携帯を持っています。しかし、彼女だけが実際に電話していたのです。

親：その携帯電話はあの子の所有物なので、今すぐ返してください。

教師：もちろん、ここにありますよ。彼女にも言っておきましたが、放課後にお返しすることになっています。彼女に授業中に使わないように言い聞かせてください。

親：私は娘に何も言わないわ。

　親の別れ際の捨て台詞にかかわらず、アリーシャが教師の権威に意図的にはむかう気がない限り、彼女は数学の時間に再度携帯電話を使うことはないでしょう。もしそれが起これば、問題性が増し、校長も絡んで対応することになります。

　ここまでは、自分の子どもがふるまいによって特別視され咎められたと思っている親についてどう対応するかを話してきました。しかしそれだけにとどまりません。時には、学習上でも、自分の子どもが期待通りの成績を上げていないと、教師が子どもを特別視していると非難する可能性があります。教師の自分の子どもへの期待度が他の生徒より高い（低い）だとか、他の子どもへよりも自分の子に厳しい（やさしい）と不平を言うかもしれません。要するに、親は自分の子どもが他の子どもほど大目にみてもらっていないと思い込んでいる可能性があります。たとえば、

教師：私は、サムが来年、英語のアドバンストプレースメント[1]をとってもいい成績をとれるとは思いません。学年相応の普通の英語を履修した方がいいと思います。
親：私たちは彼にアドバンストプレースメントをとらせたいのです。
教師：彼はとりたがっているのですか？
親：彼がとりたいかどうかは問題ではありません。
教師：アドバンストプレースメントの科目はたくさんの労力と努力が必要です。サムにはそこまで英語を一生懸命勉強する気があるようには見えません。
親：彼は先生が好きだと一生懸命勉強するでしょう。彼は先生が自分をいじめていると感じてます。
教師：私は彼をいじめてなんかいません。彼が宿題を出していないのを催促はしていますが。
親：宿題をしていないのはうちの子だけではありません。

親は、自分の子どもが理由もなく意地悪されたり除外されてたりしていないと安心させてもらいたいのです。親は、教師の書く大学への内申書が、単に教師が正しさにこだわった結果ではなく、子どものために一番有利になると確信させてもらいたいのです。ここに、前述の会話より生産的な方法の例をあげましょう。

親：サムは自分が好きな先生のために一生懸命頑張るのです。あの子は先生が自分に意地悪をしていると感じています。
教師：彼がそのように感じているのなら残念です。彼が宿題を出していないのを催促してはいます。
親：宿題をやっていないのはうちの子だけではありません。

---

1) 大学レベルの科目。

教師：わかっています。私も、催促しなければならない生徒がたった一人だったらいいと思いますよ。でも、これは私の仕事なのです。もし私が催促しないで無視したら、それも親御さんとしてはいいと思わないのではありませんか。

親：アドバンストプレースメントについてはどうですか？

教師：もしあなたが本当に彼にその科目をとらせたいのなら、彼は申し込むことはできますよ。彼に個人的に会って、そのコースをとったらどんなことをしなくてはならないか話しましょう。

親：私も本人と話してみます。

　もし親が教師の反対を押し切って子どもにコースをとらせろと主張したら、教師は申し込みをさせたらいいと私は強くお勧めします。教師の予測が間違っているかもしれませんし、そうであったらいいでしょう。あるいはアドバンストプレースメントのコースをとることはその生徒にとってはベストではないでしょうが、最悪のできごとにもなりますまい。

　教師が自分の子どもを特別視していじめているという親の抗議をかわすことはいつも簡単というわけではありません。つまるところ、親が本当に疑問に思っているのは教師の公平性とプロとしての倫理です。多くの教師は防衛的になりがちです。しかし、親からの抗議に直接的に対応するという防衛方法は一番悪い対応です。

親：ペニーは、自分がぼーっとしていたとき、先生がからかったと言っています。

教師：私はそんなことはしていません。

親：あの子はそう感じたのです。あの子は先生が自分を好きではないと思っています。

教師：私は彼女が好きですよ。

親：あの子は先生が他の子が何かしても見逃すのに自分のことだけは見

逃さないと思っています。
教師：私は他の子を見逃すこともありません。
親：でもあの子はそう思っているのです。先生が自分だけに意地悪すると。
教師：私はそんなことはしていません。

「そうだ！」「いや違う！」——これではまるで遊び場にいる2人の子どものようです。単なる否定は機能しないのです。別の例を見てみましょう。

親：ペニーは先生が授業中、自分に意地悪をすると言っています。
教師：どういう意味でしょうか？
親：わかりません。あの子はただそう言うだけです。
教師：うーん、彼女はどういうことを意地悪と言っているのでしょうかね。
親：はっきりとしたことはわかりません。あの子は言わないのです。
教師：それが重要なのですが……。彼女がどういう意味で言っているのか知りたいです
親：先生が聞いたほうがいいかと思います。
教師：親御さんが聞いてもいいかもしれません。あるいは私たちが一緒に会って聞くのもいいかもしれませんね。これは重要な問題です。私は公平に子どもに接するように常々心がけていますので。
親：それなら、私があの子と話して、先生にお知らせします。

非難を額面どおりとるのではなく、子どもの言い分を親に明確にしてもらうよう頼むのは、教師が行うよいテクニックです。あなたの子どもにとって「意地悪する」とはどういう意味なのですか？　教師が話しているときに子どもにおしゃべりさせないということなのですか？　提出期限に遅れた宿題を受けつけないということなのですか？　人にちょっかいを出さな

いように期待することなのですか？　すぐに自分の行動を正当化しようとするよりも、いったん止まって考え、親が何を意味しているかを明らかにするためにまず質問してみるとよいです。
　否定はせず、明らかにするのです。

> 親：ジョンは先生が宿題を出しすぎだと言っています。彼はそれを全てこなすことはできません。
> 教師：私はそんなに多くの宿題をだしていません。

だめだめ！　思い出して！　否定せず、明らかにするのです。

> 親：ジョンは先生が宿題を出しすぎだと言っています。彼はそれを全てこなすことはできません。
> 教師：どのくらいなら、彼は出来ると思っているのですか？
> 親：んー、わかりません。1時間くらいですかね。
> 教師：私はだいたい30分程度の宿題を出しています。
> 親：息子は1時間かかると言っています。
> 教師：親御さんは彼の宿題を夕方にチェックしていますか？
> 親：ふつうはしていません。そうすべきでしょうか？
> 教師：してみても悪くはないと思いますよ。彼の宿題を1週間くらいチェックしてそれからもう一度会いましょう。

　もしもあなたが、あなたも親と同じこと（学校での子どもの成功）を望んでいることを常に忘れなければ、勝ち負けの戦いに陥ることを避けられるかもしれません。これは簡単ではありませんが、むきに防衛的になることを避けることによって可能となります。親による抗議に直接反応してはいけません。
　また、親に一理あるかもしれないということを心の奥にとどめておくこ

とも手助けになります。あなたはそれをとても些細なもののように思うかもしれませんが、とは言っても一つのポイントなのです。可能性を無視することはあなたに弱点をつくるということになり、最初は小さかったことを悪化させる結果になるかもしれません。だから、少しこの可能性について考えてみましょう。

　親の言い分が正しかったらどうでしょう？
　この章では、親が何らかの理由で自分の子どもが目をつけられ意地悪されたと教師を非難した時、プロとしてどのように返答するかについて話してきました。また、親は自分の子どものこととなると視野が狭くなり、自分の子どもの行動が、学校でいっぺんに50人の子どもに起こされたらどうなるかをイメージすることが難しいとも述べてきました。加えて、学校の規則がどのようにみんなのために作られていて、それによって子どもたちが邪魔や中断なしに学ぶことができるかについても述べました。校則は中庸を基につくられるべきです。つまり、もし全員がこの行動をとればどうなるか？ということを基につくられるべきです。
　上記を踏まえたところでさらに強調したいのは、教師は「もし私があなたの子どもが〜するのを許したら、他のすべての子どもにも〜させなければならない」のような古くさい言い方を使うときには注意する必要があるといことです。例えば、「もし私があなたの子どもが仔馬を学校につれてくることを許したら、全ての子どもに仔馬を連れてこさせなければなりません。」という言い方です。
　この場合、（子ども全員が仔馬を飼っていると想定して）親は、そのことがどれほど騒音と糞とで状況を混乱させるか理解できるでしょう。しかし、それでも「だから何だっての？」と思う親もいるかもしれません。ルールは教師の便利さのためにではなく、生徒のために作られているということに注意する必要があります。
　子どもを特別視する（または逆に子ども個人のニーズに応えない）という非難

は親がもつ最も一般的な不平です。このような不平を適当にかわしてしまわないで、注意深く反応しながら聞いて、自分の返答が便利さや支配力を握りたいというニーズに基づいてはいないということを確認するのはよいことです。ここに、規則や処置が子どものためではなかった場合の最悪の例を紹介しましょう。

親：私は図書館はうちの娘が読みたいものなら何でも貸し出してくれるようにしてほしいです。

司書：私は２年生用の本を選んでいます。お子さんは２年生用の棚から好きなのを選ぶことができます。

親：うちの娘は10年生レベルの本を読むことができます。

司書：もしおたくのお子さんに図書館のどの本でも選んでいいと認めたら、私は全ての２年生に対してどの本を選んでもいいということにしなければなりません。

親：そうすることによって何か問題でも？

司書：すべての２年生があなたの娘さんと同じほど読めるわけではありません。彼らは読めない本を手に取ることになるでしょう。そしてまたそれらを棚に戻すのは私なんです。

親：私がそんなこと気にしないと言ったらどうなりますか？

司書：おたくのお子さんはそれでも２年生の本から選ばなければなりません。

それぞれのルールのうらには、私たちの快適のレベルではなく、クラス全体のために作られているという、真の理由があるべきです。生徒にとってベストなことではなく、教師にとってベストなことをもとに決定を下すのはとにかく間違っています。

ここに、教師が支配力を握ろうとすることが妨げになっている例をもうひとつあげましょう。

親：ザックは時々、背中のけいれんを起こします。彼は立って歩きまわる必要があるかもしれません。
　教師：それは問題ですね。
　親：あの子は動ければ、話を聞くことができます。先生に注意向けていないと思われるかもしれませんが、そうではありません。あの子は単に動く必要があるのです。
　教師：もしザックが立ち上がって動くことを私が許せば、全ての生徒にそうさせなければなりません。

　もちろん、それは真実ではありません。子どもは他の生徒が特別なニーズのある時には直感的にわかります。多くの子どもは公平さを先天的な感覚として持っています。もし子どもが、私たちが簡単に環境整備できるような特別なニーズがあるなら、実施すべきです。ここにもっと道理にかなったアプローチがあります。

　親：ザックは時々、背中のけいれんを起こします。あの子は立って歩きまわる必要があるかもしれません。
　教師：彼が私に小さな合図を示してくれればいいです。それでうまくやっていけますよ。

　もし私たちが特別な配慮や支援が必要な子どもの生まれつきのニーズに応えようとしないなら、今まで協力的な親とでさえうまくやっていくことは難しくなるでしょう。

　教師が自分の子どもだけに意地悪しているとか、否定的に特別視していると非難する親に対するテクニックを復習しましょう。

◎壊れたレコードのように何度も同じことを言いましょう。もしそれが従

うべき規則なら、メッセージから外れず伝え続けましょう。もしそれが許せない行動（いじめ、ぶらぶらすること、汚い言葉づかい、無礼）ならば、教師や管理者は厳しく規則を執行し、さらに規則は例外なくみんなに同じようにあてはまると親に説得しましょう。

◎自分の子どもの行動が、ひとりだけでなく多くの生徒によってされると問題になることを親がわかるよう手助けをしましょう。早くに学校に来るのが一人の子どもなら、静かに出入り口で立っていることができますが、それが50人の生徒になると監督がいります。

◎親に言い分を明確にするよう要求しましょう。意地悪をするとはどのようなことですか？　どれくらい時間がかかると、その宿題は長すぎなのですか？

◎規則は本来子どもや学校のためのもので、単に教師の便利性や支配力のためではないと確認しましょう。

◎特別な対応が必要な児童生徒[1]には個々に対応しましょう。それでクラスが動揺するなどという心配は不要です。

　親は時に、教師や管理者が子どもの服装を規制するのを楽しんでいるかのような言い方をしてきます。または教師が好き好んで子どもたちを宿題で追い回しているかのようにも。

　もちろん彼らは完全に間違っています。そんなことを一生するために大学で何年も学んできた教師がいるでしょうか？

---

1) 従来の特殊教育の対象児童生徒に加え、LD・ADHD・高機能自閉症等の児童生徒を含む。

脅迫する親

　多くの人は教師が脅迫者である可能性があると考えていますし、実際にその場合もあります。そのような教師とは、生徒を嘲笑い、体育の授業で生徒をいじめ、1年生に大声をあげ、恥ずかしい思いをさせ、脅したりさえします。このような人たちは教室にふさわしくありません。

　親も教室での脅迫者になりうる可能性があります。彼らの場合はたいていもっと表面化しない形ですが。

教師：コジンスキーさん、お話する時間を作っていただきありがとうございます。

脅迫する親：早く終わりにしてくれるかね、アリス。

教師：できるだけ早く終わらせます。しかし、ロニーの教室でのふるまいについてあなたと話す必要があるのですが。

脅迫する親：……（無言）

教師：（神経質に）彼はとても無礼なのです。

脅迫する親：‥‥‥（無言）
教師：彼は他の生徒が勉強するのを困難にしています。
脅迫する親：そんなことまったく信じられんね。
教師：例えば昨日、彼は私が背中をむける度にサルのような声をあげ続けたんです。
脅迫する親：アリス、私は息子がどうやってサルの真似をするかを聞いてるほど暇じゃないんだ。そのような問題は、有能な先生には起こらないように私には思えるね。

親との会話の中では、教師と親が平等であることを確立することが大切です。上の会話では、教師は親を「～さん」とよぶ一方で、親は教師を「アリス」とよんでいます。平等な関係の下の会話というより、レストランでの客と給仕との会話のようです。
　これがどのように雰囲気が変わるかみてみましょう。

教師：コジンスキーさん、お話する時間を作っていただきありがとうございます。
脅迫する親：早く終わってくれるかね、アリス。
教師：ボブ、あなたがお忙しいのはわかっていますので早速本題に入ります。あなたの息子さんは、課題に集中できていないから、成績があぶないんです。
脅迫する親：どういうことだい？
教師：指導を聞くかわりに、他の子どもにちゃちゃいれてばかりしているのです。私は何度も彼とこのことについて話し、彼の席を教室の前の方に移しました。放課後に居残りもさせました。あなたからも、落ち着くように言ってもらう必要があると思うのです。
脅迫する親：私から伝えておくよ。

この会話で教師が行ったことは、
◎彼女（教師）はすぐにファーストネームで呼ぶことに変えています。もし親が教師のことをアリスと呼べば、親をボブと呼ぶべきです。
◎ボブ(親)が忙しいということを認め、遠まわしな言い方をやめています。
◎子どものふるまいから起こる結果（成績の低下）に焦点をあてています。
◎彼女（教師）がすでに行ったことを伝えています。
◎彼女（教師）が親にしてほしいことを明確に伝えています。

　親をファーストネームで呼ぶことは少し勇気がいることかもしれませんが、練習をすればできます。親に会ったり電話をかけたりする前に、親が自分のことをファーストネームで呼んだ時のために、親のファーストネームを知っているかを確認するといいです[1]。（親の名字が子どもの名字と同じであると思いこむのは危険なので、確認すること）
　教師が、生徒のふるまいを直すために今までに行ったことを指摘することは大切です。親に話すことを、手に負えない子どもへの対処の第一段階とするべきではありません。

脅迫する親：なぜ先生は息子にサルのような声を出させたままにしているのですか？
教師：私は彼と話し、席を前の方に移動させました。彼はそのふるまいのために、１日の終わりの遊び時間さえとりあげになっているのです。私は彼を停学などにしたくはありません。しかし、私たちは彼のふるまいがよくならない限り、そうせざるをえなくなります。
脅迫する親：ロニーと話し合って改善させます。

---

1) 日本では生徒の親に対してファーストネームで対応することはあまりないし、文化差を考えるとこのままの形では対応しないほうが良いと思われる。重要なことはp.68に指摘されているように「客と給仕」のような関係に陥らないようにすることであり、このことは日本でも妥当するだろう。

脅迫する親は、自分が欲しいものを手に入れることや教師への期待を明確にすることに慣れているかもしれません。しかし、自分の子どもに対する期待となると、明確ではないかもしれません。次の会話で、どのように脅迫する親がすべての責任を教師におしつけ、子どもにはおしつけていないかをみてみましょう。

　　脅迫する親：成績をあげるために、ベスがしなければいけないことは何ですか？
　　教師：宿題を期限通りにやって、テストにむけて勉強する必要があります。
　　脅迫する親：彼女がそうするように、あなたが見てくれると思っていたのですが。
　　教師：最善をつくしますが、それは彼女次第でもあるのです。
　　脅迫する親：あなたは教師です。彼女が一生懸命勉強するのを見るのがあなたの仕事でしょう。

　脅迫する親は、自分でその場をしきったり、部下に何をすべきか伝えたりすることに慣れている人の場合が多いです。時に彼らは教師を専門職ではなく、（とくに奉仕色の強い）公務員とみなしています。彼らと話すときは専門職的なトーンで始め、それを維持すること。脅迫する親が自分の子どもの教師に話すような話し方で医者に話すことはないだろうということも覚えておくとよいでしょう。下のような会話を想像してみましょう。

　　脅迫する親：私の娘の風邪を治してほしいのですが。
　　医者：薬を飲んで、私の指示に従って休めば治ります。
　　脅迫する親：私は出張に行くので見てられないのです。あなたが医者なんだから、娘がそうするように見るべきでしょう。
　　医者：次の患者さんどうぞ！

脅迫する親に会ったときは、この「医療現場のモデル」を思い出しましょう。親自身がすべき仕事をあなたに負わせてすまさせてはいけません。子どもが学校で成功するために親自身がすべき役割をはっきり指摘するといいです。

脅迫する親：リズの成績があがるように見てほしいのですが。
教師：私は教師として最善をつくしますが、彼女の成績がよくなるかどうかは彼女次第です。そしてあなた次第でもあるのです。
脅迫する親：私？　あなたが先生でしょう！
教師：あなたがリズの努力を期待しているということを本人にはっきりとわからせれば、それはきっと改善の助けになりますよ。
脅迫する親：ええ、でも、私は出張で家をあけることが多いのです。私は娘と話すことはできますが、ちゃんとやったかを見るのはあなたでしょう。
教師：私も最善をつくしますが、子どもにとって最も影響力があるのは親なのです。
脅迫する親：娘は私が何を期待しているかは知っています。
教師：それはいいことです。私たちはこうして話し合い、彼女が何をすべきかはっきりしました。それをあなたが彼女に伝えても、事態を悪くすることはないと思いますよ。
脅迫する親：そうですね。まぁ、次回、娘の成績がよくなっていること楽しみにしています。
教師：それも本人に伝えるといいと思いますよ。
脅迫する親：先生もそれをあの子に伝えるべきですね。

　脅迫する親は自分の要求が通らないなら、校長や教育長や教育委員会のところに行くと言って教師を脅すこともあります。このような脅しにはいい返答があります。

教師：あなたが正しいと思うことをなさってくださいね。

　決してその親を行かせまいとしてはいけません。脅迫する親はこちらがびくびくしているとそれを感じ取ります。「あなたが正しいと思うことをしろ」というのは「私は自分の意見を曲げません。もし校長が私に何か違うことをするように言うなら、あなたではなく校長の指示に従います。」という意味です。そして、直属のスーパーバイザー（校長など）に、もしかしたらその脅迫する親が電話をかけてくるかもしれないということを伝えておきましょう。
　たとえ脅迫者の脅しのレベルが「うちの弁護士に連絡させます（法的手段に出ます）」にレベルアップしたとしても、応答は同じです。

教師：あなたが正しいと考えることをなさってください。

　時には、その脅迫する親が究極の脅しをするかもしれません。

脅迫する親：どうやらエバンをこの学校を辞めさせて私立学校に転校させなければならないようね。
教師：キャー、やったー！

　もちろん、これは教師の頭の中だけの台詞です。実際に言うべき台詞は、

教師：それは残念です。彼がそれを好んでくれると願っています。

【教師が脅しの状況を避け、直撃をされない他の方法】
◎最善の防御は上手く手を打つことです。もし子どもが目にあまる違反をして罰することになれば、その生徒が帰宅する前に親に連絡すること。もし待ってしまうと、本当に起こったことをあなたが親に説明する前に

親から怒りの電話を受けることになります。親への礼儀としても学校から説明の電話をすべきでしょう。そして、その間違いを犯した生徒自身が説明しなければならない状況をつくるということです。

◎絶対にしてはいけないのは、教師が横に立って、子どもに、悪いことをしたことについて親に電話をかけるように強制することです。これは小・中学校の先生がよく使う手ですが、裏目にでることがあります。それは第一に、教師側からのいじめととられかねないうことです。第二に、その親は、自分の子どもから聞いた時に、どう反応することを期待されているのかわからずとまどってしまうということです。怒るべきないのか？ 謝罪すべきなのか？ がっかりすべきなのか？ ただその知らせを淡々と受けて子どもが帰宅してから対応しようとすれば子どもに無関心な親だと思われはしないか？ もしあなたが親とのコミュニケーションをオープンにし、問題を保護者と共に解決したいのなら、教室での問題を大人同士で話す方がずっと望ましいです。

◎１日の終わりに怒りの電話を受けないようにすること。親は時々、子どもがスクールバスを降りて親に話したことに腹を立てて、すぐに学校に電話するなど、過度な反応をすることがあります。自分の子どもが何かしら不当な扱いを受けたと信じていると、親は怒りすぎて筋の通った話ができないかもしれません。みんなが頭を冷やす時間を持つために、次の日の朝まで待つこと。そして教師の方から電話を返すのです。親が２回目に電話をしてくるのを待っていてはいけません。

◎親に自宅の電話や、間違っても携帯電話の番号を教えないこと。教師は、公私を分ける必要があります。メールでも十分に電話と同じ機能を果たせますし、むしろかえってメールの方が良いくらいです。なぜなら、メールを開くか開かないかはあなたの都合で判断できるからです。（メールで返事する場合、怒って叫ばれることもないわけです）

　６歳であろうと36歳あろうと、いじめっ子は同じです。いじめっ子があ

なたに挑戦してきたとき、機転をきかせ続けるのはむずかしいこともあります。しかし、覚えておきましょう。あなたは以前、(兄、大学のルームメイト、学部、会社の上司などによる) 脅迫的なふるまいに果敢に立ち向かったではありませんか。あなたは教師なのです。それ自体、明らかに勇士なのです。

ステルス戦闘機[1]型の親

　どこにいて何を求めているのかをはっきりと教えてくれるような「脅迫する親」と違い、ステルス戦闘機型の親は、あなた（または同僚）の努力が不十分だということをそっとほのめかしてきます。そんな人のコメントや批判はステルス戦闘機のようにレーダーにかからないとても低いところを飛んでいるため、あなたは彼女が言ったことを立ち止まって考えてみないと自分が攻撃されていたということに気づかないかもしれません。一見彼女は邪心のないように見えますが、その言葉や行動にはトゲがあるのです。
　ステルス戦闘機型の親は、学校に対して大いなる支援者にも見えますが、それは自分の子どもにいい機会が与えられる可能性を拡げるときだけです。わが子に有利になると思えば、その親は先生のご機嫌を取るのに一生懸命になります。例えば、その親の子どもがミュージカルのオーディションを受けることになったとすれば、その親は審査の際の伴奏を買って出る

---

1) レーダーや赤外線探知装置等からの隠密性が極めて高い戦闘機。

でしょう。もしその親の子が大役であれば、その親は舞台裏でセットを作ったり、衣装を縫ったり、入り口のところでチケットを売ったりしているでしょう。端役であっても、依然として彼女はそこにいるでしょうが、おそらく事あるごとに舞台監督のミスを指摘しているでしょう。
　そのときの会話はおそらく次のようなものです。

ステルス型親：マリアンがハロルド・ヒルよりもずっと背が高くて残念だわ。あれじゃとても恋人同士だなんて感じじゃないわね。
教師：（これは8年生が行う『ザ・ミュージック・マン』の劇だ。そりゃ女子はみんな男子より背が高いさ、と思いながら）マリアン役の子はクラスの中でいちばんしっかりした声をしているんですよ。
ステルス型親：うちのブルックリンは実力を見せる機会が十分に与えられたとは思えないわ。
教師：オーディションをして全員の生徒が歌うのを聴いたんですよ。
ステルス型親：ええ、でもうちの子のとき、先生は誰かと話でもしていたんじゃないですか。

　問題を机に（時には教師の目の前に）たたきつけてくる「脅迫する親」とは違って、ステルス戦闘機型の親はその先生がやったことを遠回しに批判し、ひそやかに彼女が欲しいものを求めてきます。その親がどのようにして教師の油断につけ込むのか、ここにもう一つ例があります。

ステルス型親：先生がうちの娘のマージョリーの課題にCをつけたとき、あの子本当に落ち込んでたんですよ。
教師：（そのことについてなんて答えたらいいんだ？彼女はCをもらって当然だったじゃないか？娘さんを落ち込ませてすみませんでしたとでも？いや、彼女がもっと一生懸命取り組んで時間内に間に合わせるべきだったんじゃないか？Cになったのは私のせいってこと?!と思いながら）それは残念でした。

ステルス型親：うちの子は指示も全然理解していなかったんです。指示があまり明確じゃなかったんです。

教師：(何度も何度も繰り返し言ったじゃない！と思いながら) それは残念でした。

一般的に、ステルス戦闘機型の親に対する最も良い方法は、率直に対応し、自分の立場を堅持しつつ、かつ丁重でいることです。ここに良い例を示します。

ステルス型親：先生がうちの娘のマージョリーの課題にＣをつけたとき、あの子本当に落ち込んでたんですよ。

教師：そうですか……。

ステルス型親：うちの子は指示を理解していなかったの。指示があまり明確じゃなかったんですよ。

教師：それは意外です。彼女は一度も指示を明確にするよう求めてこなかったので。

ステルス型親：先生はあの子がとても恥ずかしがり屋なのをご存じですよね。

教師：ええ、でも何も言ってもらえないと生徒が理解できていないということはわかりません。

ステルス戦闘機型の親がその子の現在の教師の機嫌を取るために使う他の手段は、微妙に（ときにはそんなに微妙ではありませんが）前の先生のことを悪く言うということです。

ステルス型親：うちのマージョリーは先生の授業が大好きなんです。去年は英語の時間は本当にきつかったみたいです。

教師：本当ですか？　どうしてです？

ステルス型親：うちの子が言うには、ジョンソン先生はとても厳しい先生で、あなたのような先生と違ってユーモアのセンスもなかったらしいんです。

その教師はマージョリーやその母親がユーモアのセンスを適切に評価していると思おうとするかもしれないし、あるいは逆に、ジョンソン先生が自分の大学のルームメイトで結婚式の付添人もしてもらった仲だということを知っていてマージョリーやその母親が面白がっているのではないかといぶかるかもしれません！

同僚についてのコメントは、もし可能であるなら率直に対応されるべきなのです。例えば、

ステルス型親：トルーマン先生はとても厳しい先生でした。どの子どもも先生のことが好きではありませんでした。彼女はユーモアのセンスがなかったんです。マージョリーはあなたのことを本当におもしろい先生だと思っているんですよ。

教師：まぁ、それは驚きです。トルーマン先生はユーモアのセンスがあることで知られているんです。たいてい子どもはトルーマン先生のユーモアが大好きなんですが。

しかし、トルーマン先生が最後に声を出して笑ったのが1978年で、ユーモアのセンスがほんのわずかでそれすら干上がっていたらだったらどうでしょう？　それでもあなたは依然としてステルス戦闘機型の親が言った批判に同意を見せてはいけないのです。もしあなたがトルーマン先生や他の先生をかばうのが嫌なら、こっそりステルス戦闘機型の親の個人的な意見をただ無視し、あなたに関係があることだけに反応するというのもさきほどの例と同様に効果的なやり方です。

ステルス型親：うちの子が言うには、トルーマン先生はとても厳しい先生で、あなたのような先生と違ってユーモアのセンスもなかったらしんです。
教師：マージョリーが私のジョークをわかってくれてうれしいです。彼女がクラスにいてくれて私も楽しいんです。

あなたが同僚をどう思っていようが、ステルス戦闘機型の親が他の先生を批判しているのに対し、あなたは建設的な、あるいは、少なくともあいまいさを与えない態度をとる必要があります。同僚を悪く言うのはプロ失格であるだけでなく、今度は別の先生に用いる攻撃材料をステルス戦闘機型の親に与えることにもなるのです。また、これらの先生の反応はどれも会話口調以外の改まった伝え方をする必要はありません。あなたがステルス戦闘機型の親による同僚へのほのめかしを受け入れないということを理解させればよいのです。

ステルス型親：うちのジミーの担任がゴールデン先生じゃなくてあなたでよかったです。彼は授業の準備を全くしないらしいですね。
教師：（ゴールデン先生が準備時間にクロスワードパズルをしていたのを見たことを思い出しながら）そうですか、ジミー君には今年生物の授業を楽しんでもらいたいですね。

注目すべきは、ゴールデン先生をかばっておらず、かといってステルス戦闘機型の親の言ったことを正しいと認めてもいないということです。子どもと教師自身との関わりについてだけ触れればいいのです。もしこのやり方を守り続ければ、親は最後には、あなたが同僚についての世間話にのってくるような人ではないということがわかるでしょう。

他の例で見てみましょう。

ステルス型親：新しい校長先生についてどう思いますか？　あまり子どもが好きそうじゃありませんよね。

教師：（相手の誘惑に乗らないようにしながら）実際のところ、彼はすばらしい方なんですよ。子どもたちも校長が大好きです。

たとえその親があなたの思っていることをズバリ言葉にしたとしても、基本的に不適切な質問には答える必要がないということも覚えておくべきです。

ステルス型親：新しい校長先生についてどう思いますか？　あまり子どもが好きそうじゃありませんよね。

ここにいくつかの可能な対応のパターンがあります。

教師：私はそのようなことを聞いたことはありませんが。

あるいは、

教師：校長になるくらいですから、子どもを好きじゃないとやれないと思います。

あるいは、

教師：校長という仕事は大変なのです。万人を満足させることはできません。

あるいは、

教師：彼はまだこの学校に来て間もないですし、彼がどんな人かはまだ誰もがわかっているわけではありません。

あるいは、

教師：そんな簡単な仕事だと思うなら、あなたがしてみてはいかがですか！

まぁ、最後のはもちろんダメですが。

もしステルス戦闘機型の親がしつこく言い張り、同僚についてどう思うかあからさまに尋ねてきたらどうでしょう？ 次のようにきっぱりと言えばいいのです。

ステルス型親：管理職はロバート先生に何かすべきだとは思いませんか？ 私が聞いたあの先生の学校外での話は信じられませんもの。
教師：正直申し上げますと、私は他の先生については何もコメントしない方針にしているんです。

そしてその後はその答えを貫けばいいのです。
　ステルス戦闘機型の親はあなたや他の先生について上司に対しこっそりと不満を言うかもしれません。これがステルス戦闘機型の親がわずらわしさを超えて危険になるときなのです。ここに電話での典型的な例があります。

ステルス型親：もしもし、息子のケビンが受けているジャクソン先生の生物の授業のことについてなんですが。
校長：どうされましたか？

ステルス型親：不満を言うのは大嫌いなんですが、ジャクソン先生のこの前のテストは明らかに公平ではないと思うのですが。

校長：どのようなところが？

ステルス型親：ジャクソン先生は授業で触れてないところをテストに出したそうじゃないですか。クラスの生徒ほとんどみんなができなかったようですが。

校長：詳しく調べておきます。

ステルス型親：あの、もう一つあるんです。私の名前を言わないでいただきたいのですが。ジャクソン先生がわたしが不満を言ったと知れば、ケビンに怒りをぶつけるかもしれませんので。

　あるタイプの校長に対しては、これはとても効果的なやり方です。彼らは逃げ腰で、部下を個人的に励まさなくてはならない時に、その場にいないような校長です。また、そのタイプの校長は、ただこの問題を教師まで持ってきて不満を言ってきた電話の主の名前は明かさないでしょう。

　この管理職の応対の仕方は教師に対して明らかに不当なものであるというだけでなく、次の日には職員室でこの校長の態度がホットな話題になることは必至です。ステルス戦闘機型の親の出した条件に同意することで、校長は暗黙のうちにジャクソン先生がかわいそうなケビンに怒りをぶつけるだろうということに同意しているのです。

　能力のある校長なら次の例のように、ステルス戦闘機型の親にうまく対処するでしょう。

ステルス型親：あの、もう一つあります。私の名前を言わないでいただきたいのです。ジャクソン先生がわたしが不満を言ったと知れば、ケビンに怒りをぶつけるかもしれませんので。

校長：申し訳ございません。もし名前を伝えられないということでしたら、わたしにできることはありません。

ステルス型親：この問題について調べてくれないなんて信じられないわ。

校長：ケビン君がテストに関して問題があると思っているとしたら、ジャクソン先生もきっとそれを知りたいはずです。親御さん自身がジャクソン先生と面談する日時を決め、その問題について直接話し合うのが一番良いのではないでしょうか。

ステルス型親：考えておきます。

教師たちは親が問題を抱えているかどうか、またどの親がそうなのかということを知る権利があります。それはその保護者の子どもに怒りをぶつけるためではなく、その情報源が信頼できるものであるかどうかを判断するためなのです。親がある教師の非難を校長に言うことは簡単です。なぜなら校長はおそらくその教師ほどには生徒のことも知らないでしょうし、それゆえその不満が妥当なものかどうか判断しかねるからです。

校長や他の管理職たちは、成績や宿題に関する保護者からの不満はまず直接先生に問い合わせることを勧めるようにしておく必要があります。それがプロのやり方であり、先生への敬意の念を示すことにもなります。もし校長がこのやり方をしようとしないなら、あなたが折を見て、丁重にそして敬意を払ってその行動方針を提案すればよいです。

校長：ある親があなたのテストについて不満を言ってきたよ。

教師：本当ですか？ 誰ですか？

校長：名前は言えないんだ。

教師：ご存知ないからですか？

校長：いや、誰かは知っている。しかしその親に名前は言わないと約束したんだ。

教師：名前を言ったらその人が校長先生を殺すことになるからですか？

まぁ、最後の発言は校長にユーモアのセンスがあって、あなたがクビにされないとはっきりわかっているときだけ言えばいいです。もしこれらの問題について少しでも疑問に思うことがあれば、代わりに次のように言ってみましょう。

教師：どの生徒かわからなければ、そのようなご批判には対応しかねます。

校長：そうか、テストには授業で触れてない問題があったそうだね。

教師：どの問題です？　どの教材で？　どのテストですか？

校長：さぁ、わからないな。

教師：そうでしょう。ですので、親が直接私に電話をして話をしてくれれば良いのですが。どの生徒とかどの問題かというはっきりしたことが分からないのであれば、そのご批判に対応したり校長になんらかの情報をさしあげたりすることはできません。

校長：親はあなたと話たくないそうなんだ。

教師：それはどうしてですか？

校長：うーん、その親はあなたが子どもに怒りをぶつけるんじゃないかって。

教師：まさか、校長までそう思っていらっしゃるんですか。

校長：わかった、その親には君に電話するように言うよ。

実際にはこのようにうまくはいかないかもしれませんが、最後には校長自身も考えが浅かったことに気が付くでしょう。もしそうならないのであれば、次のようにしてみましょう。

校長：親はあなたと話たくないそうなんだ。

教師：そうですか、それはまずいですね。匿名の不満を申し立てるのは簡単なことですから。私はそのような不満には対応しかねますが。

校長：最近テストをしたかね？
教師：はい、しました。しかし得点は54点から100点までいるんです。ですから何が問題か分かりません。
校長：またあらためて連絡するよ。

　これでもまだ誰が不満を言ってきたかわからないかもしれませんが、少なくともこれで、匿名の不満には対応できないというあなたの立場をはっきりさせることになります。
　ステルス戦闘機型の親に対応する際は、以下のことを覚えておきましょう。

◎ステルス戦闘機型の親のほのめかし、特に同僚に関するものは認めないように注意すること。もしあなたが一貫してそれを否定し、そのようなほのめかしに返答しなければ、最後にはその手の攻撃を止めるでしょう。
◎もしあなたが匿名の不満の対象となる教師なら、その不満がどこから来たものかがわかるまで不満があるという前提すら認めてはなりません。校長や管理職の方には、どの生徒か特定できなければ親の本当の意図がわからないということを説明すること。
◎ステルス戦闘機型の親に割く時間は必要最低限にしよう。油断せず長時間気をはり続けるのは難しいのです。

　ステルス戦闘機型の親の本当の意図はときには明らかであり、ときにはそうでありません。ステルス戦闘機型の親がご機嫌をとってきても、批判を言ってきても、どちらにしても彼らの目的は自分の子どもを優位にさせることなのです。
　私が知っているステルス戦闘機型の親は、吹奏楽部の顧問の教師を大げさなほど褒めていました。その教師が職員としてその学校にいるなんてどんなに運がいいのかと、わざわざ校長に電話をしてくるほどでした。校長

がその部の顧問にそれを伝えたとき、部の顧問は笑ってこう言いました、「去年はその方の息子は首席奏者ではなかったんです、そのときはその方は私について一言も良いことを言ってくれませんでした。でも今年、妹さんが行進の指揮者をやりたいということになったら、急に私が『すばらしい先生』になったんですよ。私は去年と同じ人間なのに。どうなってるんでしょうね。」

失礼な自由主義者

　生徒は、校舎の入り口を通るとき自分の権利を剥奪されるわけではありませんし、また剥奪されるべきでもありません。しかし、生徒の権利には、情熱的な抱擁、わいせつな言葉が書かれているTシャツの着用、新入生に対するしごき、いじめ、ケンカ、下着をちらつかせることなども含まれているというのでしょうか？　多くの教師や管理職はそう思っていません。しかしながら、「失礼な自由主義者」型の親は、これらを自分の子どもが持つ、奪うことのできない権利であると主張して戦いを挑んできます。

　私は、ズボンを膝のあたりまで下げてはくことは、先祖が命を投げ出してまで保護してきた権利ではないと、強く確信しています。それが、ある親によれば、どうもそうではないらしいのです。

親：ズボンを下げてはくことは、ファッションです。
教師：私たちはアンドリューの下着を見る必要はないんです。
親：単なるファッションですよ。

教師：もしそうしたいのなら学校の外でできますよ。
親：彼はただ個性を表現しているだけです！　それは彼の権利なんですよ。

面白いことに、私がその同じ生徒がショッピングモールでアルバイトしているのを見ますと、彼はその店の制服を着ており、ズボンを腰まで上げて、おそらくベルトまでしていました。客に「フライドポテトもつけますか？」と聞いて働いている間の数時間、どうも自分の個性を抑えることに何の問題もなさそうなのです。しかも、客の注文をとりながら、手をガールフレンドのジーンズのお尻のポケットにつっこんでいたりはしないのです。

生徒のファッションの選択を指示することもそうですが、中には、後々さらに深刻な問題になりそうな行動についてさえ擁護する親がいます。

親：その下級生がうちの息子に昼食のお金を渡していたとしても、それは息子が悪いわけではありません。
教師：おたくの息子さんは、その男の子をいじめでお金をよこすように言ったんですよ。
親：あの子とは友だちですから。
教師：おたくの息子さんは6年生で、その男の子は2年生ですよ。
親：うちの息子がいじめっ子だというのですか？
教師：とんでもない。いじめっ子じゃなくて、恐喝者です。悪党の始まりです。ソプラノ一家[1]の見習いです。

まあ、このようには言えないでしょうが、言いたい気持ちは山々でしょう。頭の上にマンガのような吹き出しがあらわれて、考えていることがば

---

1) テレビでの人気を博した番組のマフィアの一家。

れてしまわないことを祈ります。代わりに、こんな言い方はどうでしょう。

親：うちの子がいじめっ子だというのですか？
教師：私は６年生が２年生から昼食代を取るべきではないと言っているのです。

失礼な自由主義者は、未成年飲酒の権利をこんなように主張します。

親：エミリーが修学旅行で酒を飲んだ。だからなんだ、と言うのですか。それが旅行の楽しみじゃないですか。
アドバイザー：旅行の楽しみはそんなもんじゃありません。
親：そんなかたいこと言わないで。みんな飲んでますよ。
アドバイザー：旅行の前に、子どもたち自身も、親御さんも、誓約書にサインをしましたよね。そこにははっきりと飲酒禁止と書かれています。
親：あんなものは法的な効力を持ちません。あんなもので拘束はできませんよ。

　失礼な自由主義者は、子どもの悪い行動を擁護する時、子どもの権利を守っていると思っているかもしれませんが、実際は、その親は子どもを親と教師という二つの大きな権威者の狭間でどうしていいか分からない状況に置いてしまっているのです。加えて、その親は子どもが大きくなったとき、悪い行動をしても教師以外の人々は何らかの形で許容してくれるというメッセージを送っています。
　子ども、とくに思春期の子どもたちは、常に親や教師の限界を試してきます。同時に、何が規則なのか、誰が主導権を握っているのかを知りたいと思っています。子どもたちは規則自体を好まないかもしれませんが、必要とはしているのです。私の経験では、親が自分の前で教師や校長に無礼

な態度をとっているのを見て、気持ちよく思っている子はいません。たとえ、その生徒本人がほんの1時間ほど前に無礼な態度を取っていたとしても。そしてそれが今、まさに親と教師との間で話し合いが行われているそもそもの理由だったとしても。

　失礼な自由主義者は、しばしばその子どもよりも対処するのが困難です。子どもの方は、おおむね、規則とシステムがどのように働くか、よく知っているからです。生徒は自分の行動が引き起こした結果を面白く思わないかもしれませんが、それによって驚くことはほとんどありません。親が自分を擁護してくれることは嬉しいですが、教師の前で分別のない態度をとってほしくはありません。親との面談のときに、生徒自身も一緒に参加させることは時には有益です。次の会話では、生徒がそこに出席することによって、状況がわかりやすくなっています。

　親：じゃあ、先生はうちの子が課題をごまかしたっておっしゃるんですね。
　教師：自分で書く代わりに、参考文献から、ただコピー・アンド・ペーストしたんです。
　親：もしかしたらうちの子はそうしたらいけないことを知らなかったのかもしれませんよ。
　教師（生徒に向かって）：ケイシャ、そうしてはいけないことを知ってた？
　ケイシャ：いいえ、はっきりわかっていませんでした。
　教師：コンピュータルームでこのことについて話をしたとき、あなたはいましたよね？
　ケイシャ：はい。でも、理解していませんでした。
　教師：自分でやる必要があるということが理解できなかったの？
　ケイシャ：他の子も同じことをしてました。
　教師：今はあなたのことについて話しているの。私はどの生徒であってもこのような行為は許さないわよ。

親：もし知っていたなら、しなかったと思いますけど。
教師：ケイシャは、もし手書きであったなら、他の人の文章を本から抜き書きして、それを自分のものとして提出したとすればそれはいけないというのはわかっていたはずです。そうよね？　ケイシャ？
ケイシャ：はい、でもそれとこれとは違うわ。
教師：違いはあなたがこれをパソコンでやった、ということだけよ。
親：パソコンの技術は新しいから、子どもには違いがわかりづらいのかもしれませんよ。
教師：私やお母さんが学校に通っていた時とは違うのです。パソコンの技術は今の子どもたちにとっては新しいものではありません。この子たちはこういう技術とともに成長してきたのです。
親：先生が言っていることがわかってきました。あなたも分かったわよね？　ケイシャ？
ケイシャ：うん。

ここで教師は止めなければなりません——ただ指摘をしてそこで終わるのです。「メッセージを伝える」[1] を思い出しましょう。自白は必要ありません。象徴的に言えば、生徒を電球の下のイスに座らせ、厳しく尋問する必要はないのです。ケイシャと親は、彼女がしたことを知り、それが許されないことであるとも知りました。ここからが問題解決に進む時です。

教師：ケイシャに課題のやりなおしをさせようと思っています。
親：わかりました。いつが締切ですか？

失礼な自由主義者のいちばんの問題は、生徒の「権利」が何であるかの理解が不完全であるということです。彼らはしばしば、「権利」と「要求」

---

[1]「メッセージを伝える」　pp.34-36参照。

を混同しています。理屈がほとんど通りませんので、対処するのが最も困難な親に数えられます。失礼な自由主義者は、その人が認識している「権利」をあなたが奪おうとしていると確信し、その権利の侵害への反応はしばしば怒りなのです。その例が次のようなものです。

親：バディーをアウトドアクラブの自然センターでの一泊キャンプに行かせたいのです。
教師：校則で明確に示されているのですが、バディーは殴り合いのけんかにより停学になっていたので行くことはできません。
親：彼は何週間もずっと楽しみにしていたのですよ！　彼には参加する権利があります。
教師：宿泊キャンプの参加は権利ではありません。
親：彼が本当に行きたがっているというのに、それを、あなたがどうして彼から取り上げることができるんですか。
教師：私はなにも取り上げているわけではありません。彼が自分の行動によって停学を招いたのです。
親：停学になったのは他の子のせいです。
教師：停学のことについて私はどうしようもありません。ただ、バディーは行くことはできません。
親：話はまだ終わっていませんからね！

　ため息をつきながらこの教師はその場に残りました。彼女にとってもうれしいことではなかったのです。タイミングは最悪ですし、教師にはバディーがキャンプに行けたとしたら彼が楽しんだだろうこともわかっています。しかし、教科外活動の参加についての校則は明確です。彼女がその校則を作ったわけではありませんが、それに従う必要はあるのです。
　ちょうど怒っている親のトピックですので、親が攻撃的になったとき、どう一線をひいたらよいかについて考えてみましょう。どんな状況でも、

教師は限度を超えている親に対して相手と同じように応じてはなりません。大声をあげたり、ののしったりしてはいけませんし、ましてや「殴るぞ」などと脅しをしてはいけません。しかしながら、職業上の手段を全て使い切ったときは、「さようなら、またね」と言ってもいいのです。

たとえばバディーの父親との話し合いがこのように続いたと想定します。

親：バディーは宿泊キャンプに参加します。あなたには彼を止めることはできません。
教師：停学であれば行けないのです。これが実際の決まりなのです。
親：先生が連れて行きたいと思えば連れて行けるはずです。
教師：無理なんです。
親：(叫んで)こんなくだらないことを聞くのはもう気分が悪い、疲れた！教師なら彼を連れていって当然でしょう！
教師：そこまでおっしゃるなら、このことについてあとはもう管理職とお話しください。私ができるのはここまでです。

親が完全に侮辱的になったり興奮して手におえなくなった時、それは会話を終わらせる時です。以下の会話がその例です。

親：先生は自分が誰だと思っているんですか、うちのケリー（の単位）を落とすなんて。
教師：落したのではありません。彼女がその課題を拒んでやらなかったのです。
親：先生のせいでケリーは奨学金を受ける資格を失うかもしれないんですよ。
教師：それは私のせいではありません。彼女のせいです。
親：あなたは教師です。あなたのせいです。

教師：あなたはこの状況をよく知っていたはずです。
親：先生がこんないやみな人だから、あの子は単位がもらえなかったのよ！
教師：（立ち上がって）お話は以上です。

　ある程度までは礼儀正しく、冷静で、寛大である必要があります。個人攻撃に耐えろと言っているのではありません。親が個人攻撃を始めるようなことがあれば、その時点で、話し合いを終わらせるべきです。もしもう一度話し合いをするのなら、校長の同席のもと、校長室で行われるべきです。

　失礼な自由主義者に対処する際に覚えておくべきポイント

◎時に生徒のふるまいが受け入れられない理由について親に指導する必要があることもあります。それでも親はあなたがそういう決定に至った理由を受け入れないかもしれませんが、少しでも理解が進めば、彼らの怒りを和らげることができるかもしれません。
◎なだめる努力をすること、しかし、親が同意してもしなくても、規則や学校基準の適用については主張すること。
◎親が口汚くなったり侮辱的になった時はすぐに会話をストップさせること。その事がらを管理職と話し合ってもらうように提案するとよいでしょう。

　失礼な自由主義者は知らず知らずのうちに自分は特別扱いされるべきだという感覚を子どもに教えています。それは子どもへのあだとなります。学校の外の世界ではそんなことは通用しないのです。

サボリOKの父親

　良い成績を修めるためには、まず出席していなければいけないということはわかりきったことです。毎日学校にいれば成績優秀賞つきで卒業できるという保証はありませんが、学校に出席していないことはとにかく卒業するという可能性まで低くしてしまうことは確実です。親によっては、出席は必須ではなく任意であると思っているようです。これはサボリOKの父親の典型的な会話です。

サボリOKの父親：3月に家族旅行に行くのでうちのピートは2週間学校を休ませます。
教師：学校があるのに休ませるんですか？
サボリOKの父親：3月は飛行機がとても安いんです。
教師：お子さんが学校を2週間休むことになるんですよ！
サボリOKの父親：だから先生に早くから言ってるんじゃないですか。先生には前もってうちの子に全ての課題を用意してもらいたいんで

95

す。そしたらその課題を休暇中も持って行けますから。

　この要求は教師にとっては難しいものです。実際教師には子どもたちに個別に前もって教材を準備する時間などありません。それに、２週間の授業時間がちょっとの課題を済ませることで埋め合わせられるという印象を与えたくありません。また、時間を割いて休んだ子に全ての課題を準備したとしても、子どもがディズニーランドに行ってまで宿題をすることはないだろうということは分かっています。

　それでも、子どもは親の決定に従うしかないので、その子どもに対して力を貸したくないだとか罰を与えているなどとは思われたくありません。このような場合、苛立ちはさておき、教師が今できることをしてあげることが最もいいようです。

親：だから先生に早くから言ってるんじゃないですか。先生には前もってうちの子に全ての課題を用意してもらいたいんです。そしたらその課題を休暇中も持って行けますから。

教師：（まず無理だろう、と思いながら）前もってあなたのお子さんに特別に教材を準備する時間は実際ないと思います。あらかじめ作成した「学習のしおり」がありますので、それと、現在国語の授業で読んでいる本をお持ちになるといいでしょう。その中で授業に沿うところを確認させてください。お子さんは数学の全ての指導を受けないことになりますが、おそらくお父さん方が授業で扱う課題はある程度助けてあげられると思います。

　生徒を長期間休ませるというのは比較的まれです。たいていの場合、欠席する期間はもっと短いものです。ここにもう一つサボリＯＫの父親との会話例があります。

サボりOKの父親：その夜の試合に出たいなら、学校に遅刻しないで来なければならないという規則があることは知ってるよ。しかし、サムが寝坊したのは私の責任なんだ。

コーチ：申し訳ありません。彼は試合に出れません。

サボりOKの父親：でも彼の責任ではないんだよ！

コーチ：サムは17歳です。彼も自分が起きなければいけないことくらい分かっているでしょう。

サボりOKの父親：なぜうちの子が私に責任があることに対して罰を受けなければならないんだい？

コーチ：申し訳ありませんが、試合に出たければ遅刻せず登校している必要があったのです。

サボりOKの父親：そんな答えは受け入れられないね。

コーチ：お気の毒ですが、それが規則なのです。

サボりOKの父親：校長先生に聞いてみますよ。

コーチ：あなたが正しいと思うことをなさってください。

長年様々な理由で学校を休む子どもたちを見てきました。例えば、耳にピアスをあけるためだったり、兄弟姉妹の世話、買い物、散髪、いいレストランでの昼食、保護施設での犬の受け取り、高校卒業記念パーティーに着ていくドレスを買いにショッピングモールへ行く、など。とは言うものの、もちろん耳が痛んだり風邪をひいたり発疹が出ていたりしても学校に来る子も見てきました。それでバランスがとれると考える人もいるかもしれませんが、私はそう思いません。

親の完全な同意を持って（それどころか親にそそのかされて）生徒が休むとなると、教師にとってはそのような欠席を防ぐのは難しいことです。さらに教師に困難をもたらすものは、もし教師が疑わしい欠席について生徒に問いただそうとしたときに、その子の親が軽率にもその子どもに学校を欠席する正当な理由を与えてしまうといったことです。例えば「エミリーの

耳にピアスをあけに」が「歯医者の予約があるから」に突然変わってしまうかもしれません。

　これらの状況で教師ができる最善のことは、その子どもに欠席する代わりに、その欠席する授業でやるはずの課題に対する責任を持たせることです。教師はその子どもに課題を完成させるように言い渡し、親にサポートをするように言わなければなりません。もし万一親が協力しないなら、親に電話を何度したか、また親がどう反応したか、記録しておくことをおすすめします。親によっては、通知表が出た際、教師がその前にとった努力を思い出させる必要がある場合があるからです。

　慢性的な長期欠席はどんな学年でも問題ですが、子どもが基本的スキルを習得する小学校段階においては特に問題となります。小学校段階では、親はときに過保護となり、子どもがちょっとでもおなかの調子が悪いと言えば学校を休ませるのです。高校段階では逆に、親は子どもをちっとも気にかけなくなる場合があり、度重なる無断欠席を見逃すようになります。

　子どもが正当な理由もなく学校を慢性的に長期間休んだ場合、親によっては子どもの学習が進んでいないことの、他のいいわけを探してくるときがあります。

　親：うちの子に検査[1]してもらえるよう紹介していただきたいのですが。この子には学習障害[2]があると思うんです。
　教師：それはできますが、お子さんは今年多くの日数学校を休まれているので正確なアセスメントが難しいのではないでしょうか。
　親：本来ならできるはずのことができていないんです。
　教師：お子さんは45日も学校を休んでいます。おそらく問題は出席だと思うのですが。

---

1) 知能検査・発達検査・性格検査などの心理検査。これらの検査は大学や研究所等の学術機関、病院、児童相談所、少年鑑別所等の臨床機関で実施しされている。
2) p.11参照。

親：あるいは学習障害の可能性もありますよね。
教師：それはそうかもしれませんが、学習障害を持っているようには思われません。毎日学校に来ればどうなるのかを見ましょう。それでだいぶ違ってくると思います。
親：私には権利があります。うちの子に検査をしてください。
教師：わかりました。スクールサイコロジストからあなたに検査のための同意書を送らせましょう。

この領域は教師たちにとって扱いにくいものです。連邦法[3]では親が子どもに検査を受けさせる権利を与えており、もちろん教師はこのことについて妨害しているように思われたくありません。教師が学習障害があると感じなくても、実際にその子が学習障害を持っている可能性もあります。

さらに、子どもが実際に学校に来ていたとしてもどのように学習が進んだかを推測することは難しいのです。親の権利を尊重しつつ、子どもの出席が問題の一端を担っているかもしれないことを指摘しても悪くはないでしょう。

教師が親の出席に対する態度を変えることは難しいですが、それは教師がその努力を止めていいということではありません。

教師：おたくのパトリック君の出席について心配しています。彼は学校に来る必要があるのですが。
親：ええ、うちの子はちょっと風邪をひいていたんです。
教師：風邪がはやっているのは知っています。しかし、彼は欠席していたので重要な指導を受けられていないのです。彼は本来学校に来る必要があるのですが。

---

3) 合衆国は、連邦制を採用しているため、連邦法（federal law）と州法（state law）があり、両者は別個独自のものとされている。

親：私がうちの子が授業に追いつくように助けてやりますから。
教師：それは良いことですが、彼は本来学校に来る必要があるのです。

これは「壊れたレコード」[4]テクニックです――彼は本来学校に来る必要があるのです。彼は本来学校に来る必要があるのです。彼は本来学校に来る必要があるのです。

親が子どもの欠席の理由について正直であれば、事態はずっと簡単なものになります――ただし、正直であることによって、子どもを自由に欠席させてもいいと考えない限りですが。

親：球場の開幕試合だったので先週の金曜日にボビーが学校を休んだのは認めます。
校長：正直に言っていただいてありがとうございます。
親：えぇ、他の親とは違って、私は歯医者の予約があったなどと嘘は言いませんから。
校長：はい、ありがとうございます。
親：ですからうちの子は罰を受けないですよね。
校長：いえ、それでも彼は学校を休んでしまったのですから。その時間分を埋め合わせないといけませんね。
親：そこにいた他の子どもたちは病気だと言って罰を受けないんですよ。正直者だけがバカを見るんですか。

ジレンマを感じるところです。教師としては正直に言っていただいたことは認めてあげたいですが、正直であるということが感心なことである理由は、その人が結果を進んで受け入れるからです。結局のところ、もし罰を逃れるために素直に自分の落ち度を認めるだけでよいなら、刑務所はか

---

[4]「壊れたレコード」　pp.52-53参照。

らっぽになってしまうでしょう。

　しかしながら、親はこのような人生哲学について討論したいわけではありません。この場合とるべき最善の行動としては、理にかなった妥協点を見つけることです。

　親：嘘をついた子どもが罰を受けないなんて公平じゃないわ。
　教師：お気持ちは分かります。他の子どもたちは罰を逃れるのに、あなたの息子さんは本当のことを言って罰を受けます。しかし授業をさぼったことは事実です。ですから、その放課後の補習の回数を3回から2回にするのはいかがですか。
　親：えぇ、あまりうれしくはありませんが、それでいいと思います。

　欠席することによりマイナス面は数限りなくあるというのに、教師たちは出席に対してほとんど何もできません。教師たちは子どもたちが学校に来るよう促し、親と話をし、成功のためにはきちんと学校に来ることが大事であると力説することはできます。しかしながら、結局、欠席が超過し法的権限にまで関わるほどの問題にならない限り、教師たちは親がすることに口出しできないのです。

　しかしながら、プロの教師としてできることは次のようなことがあります：長期的な欠席をしていた子どもが学校にやっと出席してきたとき、両手を広げてその子を歓迎するのです。その子が何の正当な理由もなく休んでいたことで先生はイライラするでしょうし、フラストレーションも溜まっているでしょう。結局、その欠席があなたの仕事を増やし、その子は授業に必要なものを持っていなかったり、慣れていないので作業が遅かったりするでしょう。しかしながら、欠席をしていた生徒につらくあたることは問題を悪化させるのみです。学校が楽しくなければ、戻ってきたいと思うでしょうか。つとめて楽しくして、こんなに楽しいことを休んでいたために自分は体験できなかったのだと思わせるのです！

自分の責任ではなく何度も引っ越しをしなければならなかった不運な子どもたちにとっては、教師の側の歓迎する態度が特に重要です。私は、中学校に上がるまでに4・5校学校を移った子どもたちを知っています。毎年秋に子どもを学校に入学させ、冬は避寒のために南の地方の別荘に転居し、子どもたちをその地域の学校に転入させるという家族もいました。春になるとその家族は北部の地域に戻り、子どもたちを元の学校に再転入させるのです。言うまでもなく、そのような渡り歩く生活に冷静に対処できる子どもなんておらず、それゆえ問題も大きくなります。そんな子どもたちがクラスにいれば、たとえそれが一時的にその学校にいるということであっても、温かく安心できる経験にしてやらなくてはいけません。

　本当にそうする必要もないのに子どもたちに学校を休ませる親は、「教師が言っているほどには学校は重要ではないんだよ」というメッセージを子どもに送っています。教師たちはそういった親たちに、人生における成功の50%は学校に来ることであり、もう50%は努力である、ということを思い出させる必要があります。教師たちは、子どもたちが何も逃したくないから学校へ行きたいと思わせる必要があり、親たちにはその子どもたちが学校にいないためにどんな事を見たり読んだり参加したりできないかを何度も何度も伝える必要があります。そうするための一つの方法は、電話や週ごとの学級通信で欠席している子どもの親と頻繁に連絡を取り合うことです。それは少しの努力ですが、その子どもに良い結果をもたらすかもしれません。

　以下に、サボリOKの父親に対処する際心にとめておくべきいくつかのポイントを挙げます。

◎もし親が前もって子どもに課題を与えて欲しいと求めてきたら、できることをし、子どもが学校を休んでいる間その親がどう子どもを助けてやれるかを提案します。

◎サボリOKの父親のために、その子どもが学校にいない間どれほどのことを逃しているかについて全力を尽くして伝えます。
◎もし課外活動に参加するために学校への出席が必要であるなら、そのルールを曲げてはいけません。サボリOKの父親は教室での出席が他の活動への前提条件であることを知る必要があります。
◎長期的な欠席がどれほどその子どもの発達に悪影響を及ぼすかについて指摘します。しかし、心理テストやほかのテストの照会を求める親には支援できるよう用意しておきます。
◎長期欠席をしていた子どもが登校したときは、その生徒がクラスの一員として受け入れられていると感じられるようにします。その子へのいらだちを表に出す行為や無視をすることは学校へ来ない理由を強化するのみです。

　もちろん、教師が生徒に学校へ来るよう促す最も重要なことは、クラスを魅力的なものにし、授業をおもしろくやりがいのあるものにすることです。先生は生徒たちに学校に来させることはできませんが、学校を、生徒たちが求められている、受け入れられていると感じられるような場所にすることはできるのです。

ヘリコプター・ママ

　これは実際にあった話ですが、数年前、長い間フットボールでライバル関係にあった二つの高校が対決する大きな試合が予定されていました。地元の高校ではその晩「シニア・ナイト」という最高学年の大きな催しがあわせて開催されることになっているだけでなく、今期のリーグチャンピオンが決まる試合でもありました。残念なことに、その試合の前、何日も雨が降り続き、地元チームのフットボール場は浅い湖のようになってしまっていました。相手チームの高校は彼らの学校のグラウンドが水はけがよく、よい状態なのでそちらを使わないかと申し出ましたが、地元チームの教育長は自分たちのグラウンドで試合するメリットが削られるので気が進みませんでした。

　その代わりに、以前軍人だった教育長は、近くの陸軍基地にある依頼をしました。その午後には二機のヘリコプターがやってきてグラウンドの上を低くホバリングし、グラウンドに溜まった水をかき出してくれました。試合はそこで行われ、地元チームが勝利し、その教育長とヘリコプターは

地元で語り継がれることとなりました。このヘリコプターの活躍はすばらしいものでした。

"すばらしい"という言葉はここでお話しする別のヘリコプターには使いません。そのヘリコプターとは、"ヘリコプター・ママ"つまり常に上空に低くとどまり、何か問題があったり、自分の子どもに不都合なことがおこると途端にそれを排除しにくる親のことです。ヘリコプター・ママはわが子に起こる、学校でのあらゆることに介入しようとしてくるのです。次の会話はその典型的なものです。

ヘリコプター・ママ：夜分遅くにすみません、ベッカー先生。イアンの宿題が37ページの奇数番号の問題なのか、あるいは36ページの偶数番の問題なのか分からないのです。
教師：なんですって？　もう夜の11時ですよ！

ヘリコプター・ママは子どもがキンダーガーデン[1]に通いだした頃から監視をし始めます。ときには、そうした親たちは実際にはもっと早く、幼稚園や保育園あるいはそれ以前から監視し始めます。ベビーベッドに寝ている子どもに「ベビー・アインシュタイン」[2]のビデオを見せてモーツァルトを聴かせ、フラッシュカードで何かを覚えさせるというようなこともしています。

彼女は常に子どもの言うことをきき、要求に応じ、携帯電話1本ではせ参じて介入できるようにしています。「月曜日にバスに乗り遅れた?」「ママが学校まで送っていってあげるわ」、「火曜日も水曜日も木曜日も金曜日も？　さあ、車に乗って。」「バイオリンを忘れたの？　オーケストラの練習

---

1) アメリカでは州ごとに義務教育の年数が異なる。小学校に上がる前に1年キンダーガーデンという教育課程をはさむ州が多い。
2) アメリカで人気のある早期教育用ビデオ。BGMに、情操教育に良いとされるモーツァルトの曲が使用されている。

の前にバイオリンを持っていって事務所に預けておくわ。」「運動靴がなくなったの？　新しいのを今晩買ってあげますからね。」「数学のテストが不合格点だったですって？　きっと公平に行われなかったのね。」「先生に口答えしたですって？　あなたはそういうつもりではなかったのにね。」

　ヘリコプター・ママは、電話をかけたり、学校に来たりするのに多くの時間を費やします。彼女は教師の成績のつけ方のシステムについて詰問します。スペリングコンテストで自分の子がスペルを間違えたのは、単語を言った先生の発音が悪かったせいだと主張します。校長に、服装のきまりについて尋問します。気温が低くなった時に休み時間の外遊びが適切ではないのではないかと心配します。彼女は初めて雪が降った日などには学校が下校を早くしてくれないか電話をかけてきます。雪が一片でも落ちてこようものなら、早帰りになるのかと最初に電話してくるのは彼女です。彼女は審判に声をあげます。優等卒業生についても教育長に対していろいろ口をはさんできます。しまいには、子どもの大学入学願書も記入してやり、子ども本人が書くはずの志願理由の作文の草稿までします。子どもが地べたにねっころがったままのようになるまで、そう長くはかからないでしょう。

教師：マーク、クラスの中でそんな言葉づかいをしてはいけません。放課後残りなさい。
マーク：お母さんに電話して残ってもいいって言われたら残ります。

または、

教師：クリスティーン、あなたの答えは合ってるんだけど、その答えを出した過程もちゃんと書いておいてくれないと。
クリスティーン：お母さんが昨日宿題を教えてくれたの。それで頭の中で解けているのなら、書かなくてもいいわよって言ってくれました。

教師：お母さんが教えてくださったのはとてもいいことね。でも先生はあなたのやった宿題をチェックしなくちゃいけないのよ。
クリスティーン：だってお母さんが見せなくていいって言ったんだもん。

または、

ヘリコプター・ママ：アランはサッカーの練習が毎日放課後にあるんで、次の月曜日まで、保健のレポートは提出できないんですけども。
教師：このプロジェクトは金曜日に提出ということになっているんですよ。
ヘリコプター・ママ：このことで負担をかけたくありませんわ。
教師：ええ、もちろん私もそう思っています。しかしこのレポートを完成させるのに1週間以上もあったんですよ。
ヘリコプター・ママ：大丈夫ですよ。アランは月曜日には提出しますわ。
教師：それは心配していないのですが、金曜日の提出日に間に合わないと、アランの点数はゼロになってしまうんですよ。
ヘリコプター・ママ：それって不公平じゃないですか。
教師：すみません。しかし、私は自分の生徒全員に、平等な成績処理をする必要があるんですよ。
ヘリコプター・ママ：先生が臨機応変に対応してくださらないなんて。

ヘリコプター・ママは、自分の子どもに、その子ども自身がする行動への責任を負わせることができずにいます。

ヘリコプター・ママ：マークのお昼ご飯に、これを買ってきたのですが。
事務員：今日は彼は学校内謹慎のはずですが。
ヘリコプター・ママ：わかってます。だからマクドナルドのハッピー

セットならマークを元気付けてやれると思いまして。

　子どもに関心を示し、学校のことにも協力している親と、学校で何が起こっているかを全て把握して世話をやき、子どもが本当の意味での「責任」を取れないようにしてしまう親とは、もちろん違いがあります。ヘリコプター・ママはわが子よりも教師のほうに圧力を加えてきます。

教師：エイミーは全く宿題を提出しないんです。
ヘリコプター・ママ：先生が毎日の通信を書いて、エイミーが何を提出済みで、何をすべきか知らせてくだされればいいんですわ。
教師：私は135人もの生徒を受け持っているんですよ。そうすることをお約束することはできません。
ヘリコプター・ママ：それも先生のお仕事のひとつだと思いますわ。

　教師にとって、この生徒に自分の責任を負わせるのは簡単ではありませんが、もともと生徒自身がとるべき責任であることは明らかです。

教師：135人の生徒がいますから、毎日通信を書いてお渡しする約束はできません。
ヘリコプター・ママ：ではどうやって私はエイミーが宿題があるかどうか確かめたらよいのですか。
教師：エイミーが帰宅した時に、宿題をお母さんに見せるように言うというのはどうですか。
ヘリコプター・ママ：エイミーはいつももう済ませたと言うのです。
教師：では、連絡帳に毎日エイミーが宿題をメモして、それを私がチェックしてもってかえるというのはどうですか？　そうすればお母さんがエイミーが帰宅した時に何が宿題かを確認できるでしょうから。
ヘリコプター・ママ：それでうまくいくのかしら。

教師：そうですね、私の提案としては連絡帳に加えて、お母さんからエイミーに毎日数学の教科書とノートを持ち帰るように言っていただくことですね。宿題があるかどうかを確認できますし、宿題をやったこともきちんと見せるようにいうこともできますから。

　ヘリコプター・ママの、自分の子どもが罰を避けられるように使うお得意の策略は、子どもは何を求められているか知らなかったと言い張ることです。「うちの子はのレポートの提出期限を知りませんでした。」「子どもはその調べ学習に３つの資料を用いなければならない、とは知りませんでした。」「子どもはタイトルのページをつけなければならないと知りませんでした。」「子どもは宿題をしなくてはならないと知りませんでした。」「子どもはこのプロジェクトが最終成績の半分を占めるとは知りませんでした。」といった具合です。こんな弁解を聞くと、教師はそれではいったいその子は何ならわかっていたのだろうと聞きたくなるでしょう。彼らは母親を操作する方法はよくわかっているようですがね。

　しばしば、ヘリコプター・ママが本当に言いたいのは、子どもに言ってくれなかったのだから、全ての問題は実は先生が悪いということです。以下はじつによくある会話の典型的なものです。

　ヘリコプター・ママ：アラナはテストが金曜日にあるなんて知らなかったんですのよ。
　教師：私は毎日生徒たちに知らせていましたし、一週間中ずっと黒板に掲示していましたよ。
　ヘリコプター・ママ：アラナはいつも黒板を見ているわけではないんですよ。
　教師：週ごとに出す通信を持ち帰らせたはずですが。
　ヘリコプター・ママ：アラナはきっと私にそれをわたすのを忘れたんで

すわ。
教師：あら、それは不運でしたね。もう授業が終わった直後に私がお母さんに電話するくらいしか手立てはありませんね。
ヘリコプター・ママ：すばらしい手ですわ、先生!!
教師：(びっくりして) いえ、冗談で言ったんですけどね。

おっと、この教師はこの「"皮肉が通じない"ルール」[1] を忘れているようです。でも皆さんはどんなふうにしてこれが起こるかお分かりになったでしょう。

ヘリコプター・ママが子どものためによく使うそのほかの手は、宿題が大変すぎる、長すぎる、またはテストが難しすぎるなどです。教師は自分が生徒のことを理解していて、その子が課題をやりとげる力があると確信しているということを母親に伝え、安心させる必要があります。教師は他の生徒にも全て同じように期待していることを付け加えなければなりません。ここにヘリコプター・ママを上手に扱う方法を示しましょう。

ヘリコプター・ママ：1日25ページも読書させるのは多すぎると思いますわ。
教師：授業中にも取り組む時間を与えていますよ。
ヘリコプター・ママ：ブラッドは全部読み終えるまで起きていられないんですよ。それに、あの子には多少はリラックスしたりテレビゲームをする時間が要るんです。
教師：ブラッドは賢いお子さんです。あの子ならできますよ。他の生徒と同じように彼にもできると期待しています。
ヘリコプター・ママ：あの子に学校に行きたくないと言い出してほしく

---

1) pp.28-29参照。

ないんです。

教師：ブラッドはかなり積極的なお子さんですよ。たしかに学校の宿題以外に、子どもたちがリラックスしたりほかの事をする時間が必要だというのも分かります。全てをバランスよくこなすのは簡単ではないと思いますが、読書した後にそのご褒美としてテレビゲームをやることもできるのではないでしょうか。

ヘリコプター・ママ：私はそれがご褒美になるとは思いませんわ。あの子には少し休養する時間をもつ権利がありますもの。

教師：どのくらいの量ならばブラッドが家で読書できるとお思いですか。

ヘリコプター・ママ：わかりません。でも25ページは読めないと思うわ。

教師：では一週間の間、お母さんがブラッドの読書をモニターしてみるというのはどうですか。そして私に彼が30分間でどのくらい読めるか教えてください。今学期の授業ではかなり読むことが必要になってきます。生徒たちはそれをこなすのに時間の配分も上手にできなくてはなりません。

その一方で、あるヘリコプター・ママは他の親ならば決して気にしないようなことに気をもみます。そしてその結果、わが子に過大なプレッシャーを与えてしまうのです。

ヘリコプター・ママ：先生、マデリンの数学の点が３点も落ちていることがわかりました。

教師：お子さんは数学で94点でしたよ。

ヘリコプター・ママ：何を間違えたんでしょうか？

教師：間違えをすぐ答えられるほど私も細かく把握していないのです。たくさんのテストや課題を採点していますから。

ヘリコプター・ママ：あの子が何か努力することで点数をおまけしても

らえませんか？
教師：94点もとっているんですよ⁉
ヘリコプター・ママ：あの子には家庭教師をつけたほうがいいわね。
教師：そんなことを気にしているなんて、暇なんですね！

もちろんこのようなことを実際には教師は言うわけにはいかないことがお分かりでしょう。教師はかわりにこのように言わなければなりません。

教師：これから数週間、お子さんの出来を見てあげてください。お子さんは頭のいい子ですし、教えていて楽しい子です。子どもは誰でも少しくらいは成績が変動するものですよ。マデリンは成績が落ちたわけではないですよ。もしそうだったらすぐご連絡します。
ヘリコプター・ママ：わかりました。でも成績が落ちたら本当にすぐに連絡をお願いしますよ！

自分の子どもの成績に干渉するだけでは飽き足らず、ヘリコプター型の母親は他の生徒にも同じように干渉しようとします。自分の子どもを守る、ということは自分の子ども以外の生徒が特別な利益など得ていないか確かめるということです。このような会話の中では、親の言い分を認めないことが重要です。

ヘリコプター・ママ：うちの子の作文の宿題はオーレンのよりもずっと出来がいいと思いますけど。
教師：他のお子さんの成績について口外しないことにしています。
ヘリコプター・ママ：ええ、私はナンが6年生の作文コンテスト[1]で賞をもらうべきだと申し上げているだけです。私はオーレンのものを見

---
1) アメリカでは、学年末に科目ごとに優秀賞を出すという仕組みがある。

ましたけど、ナンの方がずっとよかったんですもの。

教師：ナンはいい文章を書きますよ。

ヘリコプター・ママ：私はナンがクラスで一番だと申し上げているんです。

教師：彼女は本当によくできますよ。他に何人か同じくらいできる生徒もいますが。

もう一つ他の例も紹介しましょう。

ヘリコプター・ママ：イサベルが皆勤賞をもらったそうですね。なぜルイスはもらえなかったんですか？

教師：ああ、ルイスは無欠席ではなかったですからね。

ヘリコプター・ママ：あの子はたった二回学校を休んだだけですわ。

教師：その通りです。「皆勤」というのは毎日学校に来るということです。

ヘリコプター・ママ：イサベルの母親はたとえ病気でも学校に来させていたんですよ！　ルイスはあの子から風邪をうつされたせいで二日学校を休むハメになったんです！

教師：そうですか、でも誰から風邪をうつされたかなんて、わからないことですからね。

ヘリコプター・ママ：私がルイスを迎えに来た日に、イサベルが保健室で鼻をぐずぐずさせながら咳をしているのを見ましたもの。

教師：そうだったんですか、私にはなんとも言いがたいですね。とにかく皆勤というのは無欠席ということなんです。イサベルは毎日ちゃんと学校に来ていたんですよ。

ヘリコプター・ママ：でも、それは不公平だと思うわ！

他の生徒のことを話さないというのがあなたのポリシーでないなら、ポリシーにするべきです。教師の職業倫理として、受け持つ全生徒のプライ

バシーを保持するべきなのです。

　ヘリコプター・ママはしつこく聞くでしょうが、あなたはあなたの責務に絶対に反さないようにしなければなりません。こんなアプローチもあります。

>　**ヘリコプター・ママ**：ベスは、自分がテストでいい点を取れなかったのは、先生がラリーにばかりかまっているからだと言っていましたわ。彼は"特別支援の必要な"生徒ではないはずでしょう？
>　**教師**：すみませんが他の生徒については何も申し上げられません。
>　**ヘリコプター・ママ**：そうですか、私は普通のクラスにそういう子達がいることが信じられませんわ。そのせいで先生の手をあの子達にばかりかけてしまうんですから。
>　**教師**：そうですか、私は他の生徒については何も申し上げられないんです。
>　**ヘリコプター・ママ**：他の子にとって不公平だと思いますわ。
>　**教師**：ベスは二日学校を休みましたし、その補習にも来ませんでした。今回テストの点が悪かったのは、そのせいですよ。
>　**ヘリコプター・ママ**：ええ、でももし特別な子たちにばかり先生が構わなくてもすめば、きっと授業時間のなかでベスに教えることができたと思いますわ。
>　**教師**：生徒はみなそれぞれに特別ですよ。

　おわかりになったでしょうか。自分の生徒たちを比較するようなことに引き込まれるのは避けるべきです。
　ヘリコプター・ママは学校にボランティアとして参加することが大好きです。保護者のボランティアがいることは、学校にとっても保護者にとってもすばらしいことである一方で、ヘリコプター・ママがその中にいる時

は要注意です。彼女はおそらく子どもの傍にいるのに干渉しないでいる、ということなどできないことがわかるでしょう――ランチルームで自分の子の隣に座りたがらない１年生を叱りつけたりしてしまう、といったように。または他の子のプライバシーに配慮せず、その日学校で起きた問題を学校外で言いふらしたりします。もしあなたの教室の中で保護者にボランティアをしてもらう時には、採点を頼んだり、成績簿や他の子の個人表に何か記録をつけてもらうようなことは間違ってもしてはいけません。もしそんなことをすればあなたのクラスの守秘義務を犯すことになります。クラスの他の子どもの個人情報について決して保護者ボランティアと共有したりしてはいけません。

　ヘリコプター・ママの対応をする場合、適度の積極性は実は最大の防御となるのです。子どもの学習状況について電話やメール、郵便や面談で情報を与えておきましょう。多くの学校がいまやインターネット上で、子どもの成績や宿題について24時間保護者がアクセスできるプログラムを整えています。日常的にコミュニケーションをとっておくことで、子どもやその親から知らなかったと苦情を持ち込ませないようにすることができます。言い換えれば、問題を親に知らせることを怠れば必ずそれがあなたの責任にされてしまうし、事実そうです。子どもがあまり学校生活で芳しくない時に保護者に情報を欠かさず伝えるようにしておくことは、あなたの教員としての責務とも言えます。

　ヘリコプター・ママは教師を疲れさせます。しかし、そのやり方に目を向けてみますと、彼女は子どもにとっても疲れる存在でしょう。客観性の欠落こそが彼女をトラブルに巻き込む原因です。教師の仕事はまず彼女に客観性を持たせ、維持させることです。

　ここにヘリコプター・ママの扱い方を記しておきます。

◎彼女の子どもは有能で十分他の生徒と張り合える実力があることを保証

しておくこと
◎できる限り明確にかつ頻繁にコミュニケーションをとること
◎彼女の子はほかの子と同じルールに従う必要があることを主張する
◎全ての子どもの守秘義務にかかわることは確実に守ること
◎保護者が（どんな形であれ）子どもに関心を持っていることを喜ばしいことだと捉えること！

対戦型の親

「対戦型の親」にとって、教師との接触はことごとく"対戦"です。彼女はまるで世界チャンピオンのレスラーがリングに上がるときのようにあなたの教室に乗り込んでくるでしょう。彼女は自分の要求を通すために、やる気満々です。彼女にとって、自分の思い通りになれば彼女の勝ち、あなたの負けです。彼女はどんな場合でも、殴り合いも辞さない真剣な勝負であるかのように乗り込んできます。あなたは彼女の扱い方を知らない限り、ノックアウトされてリングのど真ん中で伸びきってしまうでしょう。

教師にとっては、子どもに寄り添って仕事をすることに勝ち負けなどありません。「教える」ということは、「誰が正しいか」について示すことではないこともわかっています。私達教師は、親とともにやっていくということは協働する努力のことであり、戦いではないこともわかっています。私達は冷静なプロであり続けることに取り組んでいますが、好戦的な親は私達教師を応戦モードにするためにあらゆる手で挑んできます。そのため、こちらもつい「負けるもんか」という気にさせられそうになります。ここ

に典型的な会話を紹介しましょう。

> 対戦型の親：先生の書き方プログラム[1]は役に立たないと思うんです。
> 教師：なぜそのようにおっしゃるのですか？
> 対戦型の親：昨日少しネットで調べてみたんです。
> 教師：（私は5年も大学で研究してきたけど……）それで、どんなことがわかりましたか？
> 対戦型の親：ここに、印刷してきました。後で読んでください。グーテンベルグ方式を用いれば、子どもたちは書写が簡単にできることが書いてありますから。
> 教師：ありがとうございます。後で見てみますね。
> 対戦型の親：すばらしい。二日後に先生に書き方の授業を変えられたかについてお電話しますわ。
> 教師：私は授業の内容を変えないと思いますよ。
> 対戦型の親：そうはさせませんわ……。

またこんな例もあるでしょう。

> 対戦型の親：昨年私達がいた学校では、先生方も子どもたちも、休暇前の最後の日にみんなでお楽しみ箱を作っていましたのよ。
> 教師：それはいいですね。
> 対戦型の親：ここでもそれをやってください。きっと楽しいわ。
> 教師：ええ、きっと楽しいでしょうね。来年ならできるでしょうね。
> 対戦型の親：今年やったっていいでしょう！
> 教師：実際、学年終わりまであと2週間ですし、すでにやることが決まっ

---

1) 教え方の方法。アメリカでは達成目標だけが定めてあり、その到達の方法や教科書の選定は教師に任されている。

ていますから。
対戦型の親：他のお母さん方にも声掛けしてみますわ。子ども達には学校でも何か楽しいことが必要なんです。
教師：楽しいことが必要だ、と私も思いますよ。しかし、今年度それをやる時間は残されてないんですよ。
対戦型の親：1時間くらいならお楽しみの時間もとれるでしょう。そう計画しましょうよ。
教師：毎日楽しいですよ。(今日はあんたが来てるので楽しくないけどね！)

対戦型の親は自分の否を認めたくないし、あなたが正しいとも認めたくありません。彼女は「あなたの方法が間違っている」とためらわず指摘してきます。

対戦型の親：マイケルの算数のテストを再チェックしたら、先生の間違いをみつけたんですが。
教師：間違えてましたか？
対戦型の親：ええ。息子はあっているのに、先生が×をつけていましてね。
教師：ちょっと見せてください。ああ、そうですね、すみません間違えてますね。
対戦型の親：つまり間違ってたのは先生で、うちの息子ではなかったってことですよね。

対戦型の親は、自分の間違いを認めることは嫌いです。自分が何か子どもとうまくいっていない場合、あなたにもうまくいってほしくないと思うでしょう。そうでなければ格好がつかないからです。

教師：ウォルドは放課後私と一緒に居残りをしてやってこなかった宿題

をする必要があります。
対戦型の親：まぁ息子は絶対残りませんよ。
教師：それでは彼は落第してしまいます。
対戦型の親：先生が落第させるんじゃないですか。
教師：ですから、宿題をやる機会を設けているんです。
対戦型の親：息子は残らないでしょう。
教師：残るようにさせられませんか。
対戦型の親：先生だってそんなことできないでしょう。

このようなやり取りは頭にきますね。しかし、あなたは、あなたがこのような挑戦を受けて立たなければ、これは「対戦」にならないことを心に留めておくことが必要です。

教師：ウォルドは彼がやってこなかった宿題を終わらせるために放課後残る必要があります。
対戦型の親：息子は絶対に残りませんよ。
教師：お子さんに残ってもらえるように協力してもらえますか。
対戦型の親：もう小さな子供ではないんですから。息子が自分で決めるでしょう。
教師：私が言うよりも親御さんから言っていただいた方が効果的だと思うんです。
対戦型の親：私ですか？
教師：ええ、私ではうまくいかないと思います。あなたはお父さんなんですから。息子さんには、教師から言うよりお父さんからの方がうまくいくと思うんですよ。
対戦型の親：息子が私の言うことを聞くかどうか疑わしいですね。
教師：ええ、宿題のうちのいくつかはお昼休みか空きの自習時間の時に終わらせるようにさせるようにできると思います。

対戦型の親：そうですね。ではそのようなはからいをお願いします。それなら先生と一緒に自習時間の間に宿題を終わらせるように私からも言ってみましょう。

　この先生がやったことをよく見てください。彼は、親の挑戦に対して思わず言いたくなるようなこと、例えば「ああ、そうですか。あなたが気になさらないなら、なぜ私が気に掛けなければいけないんですか？」というようなことを言いませんでした。親を逆なでするようなことを言う代わりに、教師側に引きずり込んでいったのです。

　この対戦型の親は勝ち負けのある対戦をあなたが断ってしまえば、ガードをはずしてくれます。これはもう明らかなことですが、対戦型の親とwin-winの関係[1]になるようにするのはなかなか難しいことです。このタイプの親は教室で、あるいは電話、メールであなたに挑戦し、あなたが冷静でいられるか、忍耐力を試してくるかもしれません。しかし、あなたに向けられた反感というのは往々にして、彼女が子どもに対して抱えているフラストレーションの裏返しであったりします。この見当違いのフラストレーションは、何か別のもの——例えば、からいばりや無礼な振る舞い、教師に向けられた怒りなどに形を変えうるのです。このことを忘れないようにしたいものです。

　ここにらちがあかない会話の例を示しましょう。

対戦型の親：なぜ他の子が休憩時間に外で遊んでいるのにうちの息子は教室に残されなければいけないのですか？
教師：外に遊びに行く前に、やるべきことを終わらせなくてはならないんですよ。

---

[1] 対立している当事者の双方が満足のいくような解決方法を探ること。対立解消では最も望ましいとされる考え方。ここでは対立型の親は、自分の言い分のみを通すwin-loseの関係を求めている。

対戦型の親：息子を他の子と一緒に外で遊ばせたいのです。
教師：3年生でのルールには従ってもらわなければなりません。ジミーは課題を終わらせることを学んでもらわないと困ります。
対戦型の親：私は息子を教室にとどめたくありません。あの子は他の子と一緒に外に出て遊ぶ必要があるんです。
教師：課題が終われば外に行けるんですよ。

　もしこの先生が、ジミーが課題が終わっていないのに外に遊びに行かせたとすれば、彼の"負け"は明らかです。彼とはもちろん先生のことです。そして、ジミーもまた、"負け"となります。そこで、どのようにすれば、この親の"勝ち"にならないようにできるでしょうか。
　Win-winの関係を考えましょう。この親の本当の願いは何でしょうか。まず、輝かしい秋の午後の休み時間に一人教室に残されることにより、彼の子どもが傷ついたり、恥ずかしい思いをするようなことを避けたいのです。事実、どんな親だってそんなことはいやです。あなたにもしお子さんがいたら、同じでしょう。その親の本当の願いは、他の子と同じように子どもに課題を済ませて欲しいということなのだ、と気付くことはとても重要です。外に行かせるか否か、ということは本当の問題ではありません。教師は時には、親の口から直接語られていないことにも耳を傾けることが必要になります。
　このようなケースでは、ジミーが課題を終わらせるのを手助けするために何か他のプランを練ることがよいと思われます——それは親の協力を仰ぐ方法です。そうでないと、親は本来の問題から外れたもの（休憩時間）に拘泥し、本来の問題（ジミーが課題を終わらせられないこと）を見失ったままになってしまうでしょう。

教師：私は子どもたちに課題を終わらせられなくて遊び時間をつぶすようなことはして欲しくありませんし、特にジミーについてはそう思っ

ています。彼はありあまったエネルギーを発散しなければなりませんからね。でも学校の1日は限られていますし、親御さんもジミーがしなければならないことを後回しにしがちなのをご存じでしょう。何か彼が課題を達成できるようにするいいアイデアはありませんか？

対戦型の親：いいえ、とくにはありません。あなたのほうが先生じゃありませんか。

教師：課題を終わらせられないと、他の子から遅れをとってしまいます。3年生はとても大切な学年なのです。私は彼の読解力について心配していますし、きっと親御さんもそうでしょう。

対戦型の親：私も心配はしています。しかし彼には遊び時間が必要なのです。

教師：折衷案はどうでしょうか？ 10分課題をやったら、10分遊びにいっていいというのはどうでしょうか。

対戦型の親：わかりました。まずはそれでやってみましょう。

もちろん、どんなケースでもこのような対処法が当てはまるわけではありません。ポイントはシンプルで、役に立ちそうな解決法が見つかりそうな場合というのは、おそらく教師の方がある種の妥協や歩み寄りをしているのです。親の訴えにある種の妥当性が見られたら、それを会話の糸口として、ポジティブな結果を得られる可能性があります。
対戦型の親との会話の他の例を示してみましょう。

対戦型の親：アリーシャはナタリーからいじめられています！すぐにやめさせてください！

教師：アリーシャとナタリーはとても仲のいい友達だと思いますが。

対戦型の親：前はそうでした。でも新しい転校生が来てから関係が変わってしまったんです。あの子たちはもう友達ではありません。ご存じなかったのですか。

教師：どのようないじめですか？

対戦型の親：彼女たちはアリーシャと話をしませんし、ひそひそアリーシャの噂話をするんです。やめさせてください！ これは先生の教室で起きていることなのですよ。

教師：わかりました。話をしてみましょう。

対戦型の親：そうですよ、私は先生の責任だと思っていますからね。もしやめさせられなかったら、校長のところへ訴えます。

教師：あなたが正しいと思うようになさってください。おわかりいただきたいのですが、女の子同士の相手に対する態度には、７年生にとってはこの上もなくつらいこともあるのは私も承知しています。できる限りのことをしようと思っています。

対戦型の親：アリーシャが不幸になっているのは見るに耐えません。

教師：解決法を探る必要がありますね。

　しかし、この問題の解決法を見つけるには、教師は、対戦型の親が会話の中で暗に示した批判を一旦全て無視しなければなりませんが、それはなかなか容易ではありません。

　そうして、もしあなたが親の本当の願い（それはいつも親の口から直接語られるとは限りませんが）に気付くことができれば、子どもも含め、みんなが"勝ち"となる解決法を見つけることができるでしょう。

　しかし、時々、親の口から出た言葉がそのまま親の本当の要求である場合もあります（かなえられない要求なのですが）。ここにそのような要求に対して先生がスタンスを変えてはいけない例を示してみましょう

対戦型の親：先生がメアリーを当てた時、あの子は答えがわかりませんでした。そのおかげで恥をかいたんですよ。ですからもうあの子にはあてないでください。

教師：メアリーはいつでも、回答をパスする権利がありますよ。

対戦型の親：それでは、他の子はやはりあの子が答えがわからないと思うじゃないですか。
教師：他の子だってパスしていますよ。
対戦型の親：とにかくもうこれ以上あの子にあてるのはやめていただきたいと言っているんです。
教師：申し訳ありませんが、これは学習のための大事なプロセスで、この内容が分かっているか、手早く確かめる方法なのです。これからもメアリーを授業中にあてますよ。
対戦型の親：ではこの問題を校長先生のところにうったえますよ。
教師：どうぞご勝手に。

　いいですか、これはほんの冗談ですよ。あなたは"どうぞご勝手に"と言ってはいけません。あなたは"やるならやってみな！"と言うべきなのです。
　いやいや、これも冗談です。本当にあなたが言うべきなのは（以前にも述べましたが）"あなたが正しいと思うことをなさってください"です。

　それでは対戦型の親への対処法をまとめてみましょう。

◎"勝ち"と"負け"が生まれるような"対戦"にひきずりこまれないようにしましょう。
◎Win-winの関係を考えましょう。どうすれば実行可能な妥協案が見つかりますか？（教師と親の）話し合いが成立するような共通の基盤を探しましょう。
◎親が語っていないことにも耳を傾けましょう。できれば、批判は無視して、親の本当の問題に焦点をあてましょう。
◎むちゃくちゃな要求をしてくる親には校長のところに行くように促しましょう。

あなたが対戦型の親をうまく扱えた暁には、ドアを閉め、両手を突き上げてガッツポーズして、デスクの周りでもウイニングランしましょう。

みんなに公正なのはだれだ？

　ある年8年生の、本当に問題児である男の子が、他の先生について私にこう言いました。「あの先生はいつも僕にむかってどなるんだ」
　「マーク、」私は彼をたしなめました。「私だってどなっているじゃない」
　「うん、」彼はこう続けました。「でも先生はみんなにどなるもん。僕だけじゃなくて。」
　教師はみな、一度や二度、気が狂いそうなほど大変な生徒を受け持ったことがあると思います。マークは、そういった生徒の一人でした。私は彼の両親との面談が少し不安でした。しかし、彼らが私の教室にやってきた時は非常に愛想のよい感じでした。
　私は、まず宿題をやってこない、授業に遅刻する、手を挙げずに発言する、教師がしゃべっていても他の子どもに話しかける……等のうんざりするほど多い、マークの問題行動について話しました。彼の両親は共感しながらうなずいていました。「ええ、息子はとても手のかかる子です。」彼の父親はそう同意してくれました。「でもあの子はいい子なんです。そして

129

先生は、うちの子の大好きな先生なんですよ。」

「なんですって？」私は驚きました。「私が息子さんの大好きな先生ですって？　そんなことありえません。私は学校が始まってから終わるまでずっと、息子さんに文句ばかり言っているんですよ！」

「ええ、」父親はこう言いました。「たしかに息子は、先生は厳しいと言っています。でも先生はみんなに厳しいんだと。」

正直に言って、私はこれを賛辞だと捉えてよいものかどうかわかりませんでした。しかし、よく考えてみると、彼は何が公正で何がそうではないかについて、生まれつき、豊かな独特のセンスを持っていることを思い出しました。それはマークが、私が彼をどなることについて何とも思っていないことを表しています。なぜかというと、彼は一人だけどなられるわけではないし、私がどなるのは私が彼のことをちゃんと気にかけているからだと感じているからです。私が彼の行動を立派なものだとはけして思っていない（これは彼自身も8年生の率直さをもって認めています）にもかかわらず、私が彼のことを好きだと確信しています。（ここで使っている「どなる」は大きな声ででも内容は優しく話していることではありますが……！）

良い教育というのは公正さが要求されます。これはプロとしての倫理的観点からはもちろん、生徒の親への対応という観点からみても重要なものです。難しい親というのは、挑戦的であったり多くの要求をしてきたりするものです。もし教師が本当に子どもに対して不公平であったら、彼らはより挑戦的で多くの要求をするようになるでしょう――そしてそれらは正しいことなのです。

私たちはどの生徒にも自分自身の子どもにしてもらいたいような扱いをするように、最善の努力をしなければなりません。親はみな、自分の子どもが教師にとって大勢いる生徒の一人に過ぎないのか、それとも教師が自分の子どものことをよくわかっているかどうかを知りたいと思っているのです。親は、教師が子どもに公正で、さらに親切であることを期待しているのです。彼らは、自分たちに見える子どもの特性を、教師にも見て欲し

いと思っているのです。

　もし、あなたが教師であり親であるならば、私の意図していることが分かると思います。もしあなたにお子さんがいなければ、あなたが大切に思っている子ども——甥や姪、隣の家の子ども、あるいはご自身の子ども時代を思い返してみてください。あなたが子ども時代に、こんな先生がいいな、と思っていたような教師になりましょう。

　そして、これが最も難しいことであるのですが、現実には全ての子どもを等しく好きになることはできません。大人だってすべてを好きになれないのと同じです。要は、教師が誰が好きで誰をおもしろく思えていないかを、決して知られないようにすることです。どの子にも公平であるためには、自分自身の子どもたちに対する態度、とくにあまり好きになれない子どもに対する態度をよくモニターすることが重要です。

チャーリー：先生はオーナー・ソサエティ（優等生協会）[1]のアドバイザーだよね。どうして僕は入れないの？
アンダーソン先生：座って話しましょう、チャーリー。何か言いたいことがあるの？
チャーリー：先生たちは僕のことが好きじゃないんだ。

アンダーソン先生はこんな風に言いたいところでしょう。

アンダーソン先生：大当たり！　あなたは賢いけど、失礼で怠け者だわ。優等生協会は成績がいいだけじゃ入れないのよ！

---

1) 1920年代に全米高校校長協会が組織した特別な団体で、学業、リーダーシップ、奉仕、人格のすべての面で優れている生徒を表彰し、会員資格を与えるもの。各領域で厳しい選考基準があり、会員になることは「誇り」とされている。ただ、大学の入学願書や履歴書にも記載できるほか、奨学金制度などもあるので、本章の母親のように、名誉だけにとどまらず受験において実益があると考える人もいる。

かわりに、プロの教師として——私たちもそれを望んでいますが——こう言いましょう。

チャーリー：先生たちは僕のことを好きじゃないんだ。
アンダーソン先生：なんでそう思うの？
チャーリー：わからないけど、そうなんだもん。
アンダーソン先生：あなたがいってることを具体的に説明してみてくれる？
チャーリー：わかった、例えば英語のバンクス先生だよ。
アンダーソン先生：なぜバンクス先生があなたのことを嫌いだと思うの？
チャーリー：わからないよ。うーん、先生に「ざけんな」とか言ったことがあるからかな。
アンダーソン先生：じゃあ、あったりまえじゃないの!?

いいえ、実際はこんな風に言いません。彼女はプロです。こう言うでしょう。

アンダーソン先生：それがバンクス先生のあなたについての印象を変えたかもしれないことがわかる？
チャーリー：うん。
アンダーソン先生：じゃあ、あなたは何ができるかしら？
チャーリー：うん、先生に何か言うときにはもうちょっと考えるようにすることはできるよ。バンクス先生は時々僕をとてもいやな気分にさせるんd。

この短い会話があったからといって一夜でチャーリーが変わることにはならないでしょうが、教師が彼の抱えている問題に関して話をしたことは、

彼が正しい方向に向かうステップとなります。学校における大人の指導が、子どもによっては彼らの人生を変えるものになりうるということを私たちは忘れてはいけません。

　生徒は公正に扱われなかったらすぐに察知します。また、他の子が公正に扱われなかったのもすぐにわかるのです。私は、自分が生徒に気に入られるために他の生徒を犠牲にして冗談を言ったりする教師がいることも知っています。子どもたちから笑いをとる一方で、その教師は尊敬を失っているのです——なぜならば子どもたちは「公正」というものがわかっているだけでなく、「権力」というものも理解しているからです。教師が誰からもとがめられないからといって、権力を使ってある子どもを攻撃すれば、子どもたちの持つ「正しさ」の感覚は侵害されます。子どもたちはお互いを攻撃したりします。しかし、それは教師が子どもにするのとは別ものなのです。

　なぜこのように「公正であること」に多大な労を費やさなければならないのでしょうか。それは、私たちの統制の及ばないことが学校で起こってしまうからです。だからこそ、私たちは統制できることは統制することが重要です。「ヘリコプター・ママ」を覚えていますか？私たちは彼女について、何がきっかけで彼女が私達を攻撃してくるのかいつも予想できるわけではありません。しかし、もし他の子どもにはテストの追試を受けさせるのに、彼女の息子にはその特権を与えないというようなことになれば、彼女のエンジンに火がつくのは確実です。

　もしあなたが「うちの子いじめないで型の母親」が不合理だと思うのであれば、他の子が暴言をはいたときは無視して、彼女の子どもが同じことをしたときは教室からつまみ出してごらんなさい。もしあなたがクラスの子たちの前で「脅迫する親」の子どもが靴の紐さえ結べないことを指摘して恥をかかせたとしたら、その親と絶対会いたくないでしょう。

　たしかに、世の中にはどうしても満足させることのできない人々がいま

す。しかし、私たちは、自分のスキルを研ぎ澄まし、行動する前に考え、子ども達との関係の中で「公正」に対する自分の感覚を保つことで、難しい親と直面しなければならないような状況を最小限にすることができます。

　教師として、私たちは私たち自身の仕事に批判的でなければなりません。もしそうでなければ、他の人たちが我々に批判的になるでしょう。

効果的な保護者面談の秘訣

　それでは、保護者面談の時期がまたやってきて、あなたは完璧に準備を終えているとしましょう。親の中には、あなたが仕事机に座り、その前に生徒のように座らせられたら威圧的に感じたり不愉快に思う人もいるでしょう。そこで、テーブルに親と一緒に座ったり、あるいはお互いに子どもの机に腰掛けて面談をします。そうすることによって親も保護者も、みんな同じ立場だということを示しておきたいですよね。

　子どもたちの学習について示すことができる資料やテストの成績をフォルダーにまとめておいてすぐに見られるように準備しておきます。また、同じように読み方プログラム[1]やこれからやるプロジェクト、または学力テストに関して説明したプリントもさっとわたせるようにしておくとよいでしょう。

　どの保護者との面談も時間通りに始まって終わるように計画して、あと

---

1) 国語の教え方。p.120 "書き方プログラム" 脚注参照。

の保護者が待たされることのないようにしましょう。また、保護者の中には子どもと姓が異なる人もいることを把握しておきます。プロとして恥ずかしくないよう服装を整え、保護者には準備されていないのに、自分だけコーヒーやソーダなどの飲み物を飲んでいたりしてはいけません。

　椅子から立ち上がり、最初の保護者と挨拶や握手を交わして面談を始める前に、この本で先に述べたことを思い出してください——保護者はみな、あなたがきちんと自分の子どものことを理解しており、他の子と同じように通り一遍に扱うのでなく、自分のうちの子の学習のサポートにあなたが全力を注いでくれている、ということを言ってもらいたいのだ、ということを。保護者は自分の子どもが、他の子と比べてやっていけているのか——つまりクラスの中でトップなのか、中くらいなのか、落ちこぼれているのか？ということも知りたいと思っています。もし勉強が遅れているならば、何か必要な支援をしてもらっているのだろうか？といったことです。さらに、特に小学校、中学校段階では保護者は自分の子が他の子たちとうまくやっていけているのかをとても知りたがっているのを忘れてはいけません。

　98％の面談では保護者とあなたは本当に楽しいひと時を過ごし、子どものために協同できていると感じるでしょう。

　しかし残り2％の面談ではどうでしょう。これまでに本書で述べてきたアイデアや方略をおさらいしておけば、難しい親をどう扱うかを考えてから面談に臨めるでしょう。以下にもういちど注意事項を書いておきます。

◎もし保護者があなたがやったとか、やっていないとか思い込みで批判してきたら、事実を具体的に話してもらい、そこからはずれないようにしましょう。何が起きたのか？　いつ？　どこで？　誰がかかわっているのか？　どれくらいの宿題が多すぎるというのか？　テストで何が"不公平"だったのか？　リーディングの宿題の何が特に不満だったのか、

などです。
◎保護者は自分の子どもについてしか話ができないということを忘れないようにしましょう。面談は、決して他の子ではなく、その子に焦点をあてて進めましょう。
◎前もって考えておきましょう。面談の時間というのは、あなたがこれから行おうとしているプロジェクトや授業で扱おうとしている本や課題がどんなものかを保護者に知らせるよい機会です。子どもがどんなことをすることになっているのかを保護者が知っていれば、手助けを得やすくなります。
◎壊れたレコード[1]になりましょう。保護者が本筋から脱線しかけた時には、今、直接問題になっていることに軌道修正します。

教師：ジャックが頻繁に欠席すると勉強に支障がでるんですが。
親：あの子は先週末父親の家で過ごしたんです。
教師：ジャックは大事な授業をいくつか欠席しているんですよ。
親：あの子の父親はあの子がしたいことをさせるようにしているんです。
教師：あまり学校を休みすぎると、勉強についていくのがつらくなってしまいます。
親：父親が、あの子が遅くまで起きているのを許すので、次の日の朝起きられなくなるのです。
教師：彼の出席日数が増えることを期待しています。それが遅れた学習をとりかえすのに効果的ですから。

◎脅しなどにはのらないようにしましょう。あなたはきちんと訓練されたプロであり、学級経営や子どもの行動についてよく理解している人物な

---

1) pp.52-53参照。

のですから。もし保護者があなたをいじめたり怖がらせたりしたときには、面談を切り上げることを心に留めておきましょう。

　親：テリーのスペイン語の成績はもっと高くてもいいんじゃないですか。
　教師：授業中の参加度も成績を左右します。彼が宿題をやってこなければ、参加する準備ができていないのと一緒なんです。
　親：そんな馬鹿げたこと聞いたことがないわ！　どうやって授業への参加度を判断して成績をつけられるんですか？
　教師：子ども達には授業中の質問にスペイン語で答えられるようにきちんと準備をするようにさせています。
　親：この科目しかとっていないわけじゃないけど、明らかに最もくだらない授業だわ。そしてあなたも最悪な教師ですね。
　教師：（立ちあがって）面談は以上です。

◎決して、何があっても保護者と話しているときに皮肉や嫌味を言ってはいけません。皮肉などは、火に油を注ぐだけですし、あなたのプロとしての信用を傷つけるだけです。このような例を見てみましょう。

　親：くだらない授業だし、あなたは最悪な先生ですね。
　教師：そうおっしゃるなら、いちど「くだらない」の定義を確かめられたらどうですかね。
　親：（机に乗り上げて）なんですって？

◎こちらに敵意をもっている親には反応しないことです。そのかわりに、敵意を持っている親は、あなたが真意に反して、その敵意に応じなかったり丁寧な応対をしていればいつしかなだめられたりすることもある、ということを覚えておきましょう。

親：ジャッキーは先生から出された宿題をすべてこなすことができません。6年生に出すにしてはあまりにも量が多いじゃありませんか‼
教師：お子さんにとって何がそんなに難しいのか一緒に探っていただけませんか。

◎匿名の苦情を認めないようにしましょう。

親：先生がクラスの中で女子だけ特別にかわいがっていらっしゃるのは分かっています。
教師：どうしてそう思われるのですか。
親：あるところから聞きました。
教師：そうですか、そのことについてはお答えしかねますね。
親：そうですか、子どもたちもわかっています。女の子たちも、先生にひいきされていると言ってるんです。
教師：子どもはいろんなことを言いますからね。それではコナーの成績表についてお話しましょう。

◎本筋を外れないようにしましょう。話し合いで解決できないものもあります。

親：ええ、ベスはテストでカンニングしたことを認めています。でもなぜあの子が再試験をさせてもらえないのかわかりません。
教師：彼女は今回のテストは0点になります。
親：あの子は自分が間違ったことをしたと認めています。
教師：それはよいことですね。しかし、カンニングには罰がともなうんです。
親：どうして同じテストをもう一度受けるのではだめなんですか？
教師：もう問題がわかってしまっているからです。私は彼女に、テスト

139

の０点を補うためにレポートを書いてくるように言っています。
親：それは不公平です。クラスの中には誰一人レポートを書かされている子はいないじゃないですか。
教師：クラスの誰もカンニングをしていませんよ。
親：あの子はレポートを書かないでしょう。
教師：それは彼女の判断次第です。しかしそれでは０点を補うことはできません。

◎保護者には子どもを時間通り学校に来させるように念押ししておきましょう。残念なことに、休みがちな子の親はしばしば面談もすっぽかしがちですから、せめて電話で話すことが必要でしょう。この電話で奇跡を起こすことにならなくても電話すらしなければ、成功のチャンスもありません。電話をするときには、可能な限りポジティブであるように努めましょう。

教師：昨夜の保護者面談でお会いすることができませんでしたね。
親：仕事があったもので。
教師：ええ、今朝お宅にいらっしゃって本当によかったです。トリーシャは学校でとてもうまくやっていますが、彼女の遅刻は心配のもとなんです。
親：あの子を起こすのはとても大変なんです。
教師：ええ、わかります。しかし彼女は遅刻してくることで授業がわからなくなっていることも多いんですよ。
親：分かってます。あの子にもそう言っておきます。
教師：彼女に時間通りに来させられるのは親御さんだけなんです。
親：ええ、ちゃんと起こすようにします。

◎保護者には、子どもが課題の達成から自信をつけていくということ、そ

してあなたはそれを手助けしているということを示すようにしましょう。最初に子どもは今どんなことができるようになっているかに焦点を当てて話し、次に子どもの今持っているスキルを伸ばすためにどのような計画をあなたがしているかに焦点をあてましょう。これをうまくするには、年度の初めの子どもの作品と現時点でのものとを対比して見せることです。

教師：これがグレッチェンのこの学年当初の作文です。彼女が今どのくらい書けるようになったか見てください！

または、

教師：マシューは足し算引き算の計算ミスがずいぶん減りました。しかしかけ算はまだまだがんばる必要がありますね。

◎あいまいにではなく、本気で言っているのだという姿勢を保ちましょう。言いかえれば、面談の前にあらかじめ何を言わんとするかを自分で決めておくと、確信をもってそれを伝えることができます。特に保護者にとって耳をふさぎたいような内容を伝えなくてはならない面談の時には、事前に練習しておくのが得策です。保護者が自分の子どもにどのような希望や夢を抱いているのかについて配慮しつつ、しかし、保護者にメッセージが明確に伝わるように話しましょう。

教師：スティーブは読解の能力があがりました。しかしまだ十分なレベルには達していません。
親：どういうことでしょうか。
教師：まだ1学年分ほどの遅れがあります。それで毎日特別授業を受けています。

◎否定しないようにしましょう。明確にしましょう：

　親：先生は決してベンにあてませんね。
　教師：決して？
　親：めったに、ということです。
　教師：週に何回ですか？
　親：わかりませんわ。
　教師：確かに毎日全ての生徒にあてることはできませんが、各生徒に同じ回数あてるように極力努力はしているつもりですよ。ベンに、私がどれくらいの頻度であてれば満足か聞いてみていただけますか。

◎教室でのルールや授業の進め方は、教師自身に都合がいいというだけの理由で決めてあるのではなく、生徒達にとっても大切なのだということをきちんと説明できるようにしておきましょう。

　親：スティーブを火曜日に掛け算九九の宿題をするために先生と一緒に居残りさせていただけますか。
　教師：私は火曜日の放課後は、いつも職員室でコーヒーを飲みながら宿題のマル付けをするのにあてているんですけどね。

　読者の皆さんが注意を払っているかどうかを試しただけですよ！　もちろん、こんな余計なことを口に出すことはありません。その代わりにどう言えばいいかは以下の通りです。

　教師：お待ちしてますよ。

◎保護者の批判を個人への批判として受けとらないようにしましょう。たとえそれが本当にそう言っているのが明らかな時でもです。そのような

「難しい親」は、おそらくあなたを相手にして初めて「難しい親」になったのではありません（あなたが幼稚園の先生なら別です）。彼らはまた、おそらく「難しい親」としてあなたを最後の教師にするのでもありません（あなたが高校の卒業年次の教師なら別ですが）。

◎保護者にガス抜きをさせましょう。もしあなたが面談前に保護者が何かについて頭にきていることがわかっていれば、ときにはまず彼らに語らせるのがいいこともあります。彼らは自分の言い分が解決されない限り、あなたが何と言おうと何も聞く耳をもちません。先方の言っていることで不明瞭な部分があれば、確認するための質問はしてもかまいませんが、それ以外は話の腰を折らないようにします。

教師：お越しくださってありがとうございます。お母さんの心配していらっしゃることを聞かせていただけますか。

親：ええ、先生がクラスで劇のオーディションをされたことについてなんですが。

教師：はい？

親：レイチェルはいつもいい役をもらえていません。あの子はシンデレラの役をやれると思っていたんです。でも先生はレベッカを選ばれました。レベッカはすらりとやせていてブロンドの髪だからいつもそういう役にしてもらえるんです。レイチェルは同じくらい役に適してますし、むしろいいくらいですわ。去年あの子たちがピーターパンをやった時も、うちの子は犬の役で、レベッカは、いつものように、ウェンディの役をやったんですよ。

教師：なるほど。

親：あの子は帰ってきて、大泣きしました。あの子は醜い義理の姉の役なんてやりたくないんです。レベッカのお母さんはいつも学校のボランティアに参加されてますが、それが大きな違いを生んでいると思うんです。私は常勤で働いてますから、そういうお手伝いができないん

です。

教師：なるほど、他にも何かありますか？
親：ええ、配役は公平に持ち回りにすべきだと思うんです。レイチェルはいつも一生懸命取り組むけど、いつも負けてしまうのです。2年前はあの子はただの木の役で、レベッカは木の妖精の役だったんです。不公平ですわ。
教師：お話はよくわかりました。次の劇では彼女にもう少し出番がある役を振り分けられるようにできるでしょう。

　この問題がどう解決されようとも、ひとつはっきりしていることは、まず先に、次の劇ではレベッカがかっこよく陪審員を説得する弁護士の役をもらっている一方でレイチェルはそれをただ座って聞いているだけの裁判官の役に甘んじるべきではない、と主張してからでなくては、自分の娘の算数のでき具合について話ができる状態にはならないということです。

　しばしば教師は親に不満をぶちまけさせることで、子どもについて多くのことを学ぶことができます（またおそらく自分自身についても）。おそらくこの先生は学校での劇のようなささいなことが、教師にあるいは学校に対する子どもの感情に影響を与えるなどとは思ってもみなかったでしょう。おそらくこの先生はどのように役を振り分けるかを考える必要があるでしょう。
　また一方で、この親はレイチェルがとてもシャイで、口頭発表を著しく不安がっているので、教師は彼女が気を失って倒れチョーク入れに頭を打ち付けてしまうのではと心配していることを知る必要があります。

◎もし保護者が自分に対して侮辱的になってきたら、面談を終わる覚悟でいましょう。

ほとんどの保護者面談はポジティブで意義のあるものになるでしょう。もしそうでない時には、あなたは状況を悪化させないで、あなたの伝えたいポイントを明確にする方略をもっている方がよいでしょう。その場合でももし保護者が罵倒するようになってきたら、そこで"ゲームオーバー！"なのです。

何も効果がない時には

　教師が最大限のスキルを発揮して努力しているにもかかわらず、親の中には子どもたちのために教師と協力することを拒む人もいる、ということも心に留めておくことが必要です。おそらく彼らの子どもや教師に対する期待が無茶苦茶だったり、学校に対する態度自体ももともとネガティブだったり、基本的な生き方自体がそういう人たちなのかもしれません。

　理由はどうであれ、ごくごくほんのわずかな親ですが、自分が問題と感じていることに関して、私たちが友好的な解決策を見出そうとすることにことごとく抵抗する親もいます。もしあなたがすべての方略とともに忍耐まで使い果たしてしまったのなら、そこでやめるという選択肢もよいかもしれません。

教師：バートンさん、私たちは行き詰ってしまったようです。私はどうしてもブライアンの成績を上げてあげることはできないのです。この問題は校長先生とお話し願えますか。

または、

教師：ウィルコックスさん、娘さんにとってどれが最善の方法なのか、折り合いがつきませんね。私が学級経営をするうえで、これが最も良い方法であることをご理解いただくほかありません。ご不満なのはわかりますが、これが私のやり方なのです。

または、

教師：サムソンさん、私の家まで電話をかけられるのは控えていただきたいのです。学校にお電話いただき、伝言を残してくだされればできるだけすぐにかけなおしますから。しかしそれも週一回以上はできません。

または、

教師：私達が合意に至らないことはよくわかりました。しかし、アマンダがみんなに対してきちんとやれないならばクラスにいてもらうわけにはいきません。そして私のやり方にご不満があるからといって、そのたびに教室に来てもらっては困ります。

または、

教師：ピーターソンさん、今後はお会いする時には必ず校長にも同席してもらうことをご了承ください。

このような言い方をしたからといって、あまりに多くのことを望む親の要求が減るわけでは必ずしもありません。しかし、どんなにプロの教師で

もそうした要求を受け入れる許容範囲があるのだということを明確にしておく必要があるのです。そうなればこの先は、この親は、管理職と対応する必要があります（もちろんあなたは管理職にこの親のことをあらかじめ知らせておく必要があります）。

これを学校区（教育委員会レベル）で見たとき、親たちから出る多種多様な愚痴や不満に対処するために、管理側は"一貫した指令"アプローチ[1]で対応すべきです——最初に教師、次に校長、そして各部門の長、それから教育長、そして教育委員会へ、と。この考え方は学校通信やハンドブックによって保護者に伝えておくことができます。管理職から通常の問題はこのような指令系列に従うようにと親に要求することは有益でしょう。教師は、学校区（教育委員会）がどのように対処するのかはコントロールできませんが、親たちに、問題があれば自分が一番最初に聞きたいと考えていることを、各家庭への手紙や、電話、面談などを通じて頻繁に知らせることができます。

もちろん、校長や教育長がすぐに対応すべき状況——たとえば子どもの安全を脅かす深刻な出来事が起こった場合——もあります。残念ながら、問題解決のため、あるいは子どもを危険から守るために親が素早くトップと交渉しなければならない状況もあるでしょう。しかし、親の学級に対するたいていの要求——成績、宿題、テスト、研究課題、言動、出席についてなど——はまず担任に伝えられるべきでしょう。親から電話がかかってきたときにまず校長が聞くことは"担任とはお話しされましたか"です。教師は校長にこのプロセスをとってもらえるように次のように言うとよいでしょう。"校長、親御さんはまず私とお話してくだされればよかったのに。そうすれば校長の時間も節約できましたのに。"

もし問題が未解決のまま残って、不安や不満を示す親が次から次へとス

---

[1] 日本で言う教育委員会とは異なる。アメリカでは、教育委員会のシステムもまた州ごとに異なるが、多くの州では、その州の首長が教育委員を任命して教育委員会を作り、そこから教育長を任命する。

テップを移動していき、最終的には教育委員会や州の教育局を巻き込んだとしても大丈夫です。そのように上へ上へと話を持っていくのは費用も時間もかかります。しかし親の中にはどうしてもそうしたいという人もいるでしょうし、また時にはまさにそれが正しいこともあります。

それからもちろん、それが馬鹿げている時もあります。しかしまぁ、私たちはそれをコントロールできません。

親にとってわが子は最も誇れる財産です。その財産を預けている教師というプロに対してときどき敬意を欠くことは興味深いことでもあり、うっとおしいことでもあります。親たちは教師と話すのと同じやり方で他のプロと話したりするでしょうか。こんな会話を想像できますか？

> **親から神父へ**：ハイタワー神父、私の娘は日曜日に教会へ行くのに、何でも着たいものを着ていく権利があります。

またはこれはどうでしょう。

> **親から自動車修理工へ**：私の車を他の車と同じように扱わないでね。

またはこんなのもありうるでしょう。

> **親から小児科医へ**：うちの息子の友達は誰も抗生物質を使ってないんですよ。息子だけ仲間外れにする気ですか。

ある種の専門家と異なり、一般的に教師は顧客を選ぶという利点がありません。でも練習を重ねることで、教師は親とのかかわりのスキルを磨いていけますし、それが最終的には、子どもの利益になります。教師として、かかわる親を選ぶことはできませんし、子どもも選ぶことはできません。

協力的で分別のある98％の親に目を向けて、残りの2％に対応するのに

必要なスキルを磨きましょう。ほんの少しの練習で、あなたがもしユーモアのセンスを持ち続けられれば、あとの２％でさえも耐えられるものになるでしょう。あなたがこの本でお話ししてきた提案に従えば、いつかは以下のような会話がかわせるようになるでしょう。

　親：いつぞやの私の言動をお詫びしたいのです。あの時は動転していたのです。先生は、うちの息子がすべきことことについて、正しいことをおっしゃっていたんですわ。わたしは息子がそうしているのを見ていこうと思います。
　教師：ありがとうございます。わかっていただけてうれしいです。
　親：何とお詫びをすればよいか。先生の学資ローンの半分を支払いますし、先生のお給料を50％上げていただくよう掛け合ってみますわ。

これはちょっと冗談がすぎました。親が本当に言ってくるのはこんなところでしょう。

　親：でも息子はそれでもＡをつけていただいて当然だと思うんです！

おさらいテスト

　前にも書きましたが、今はなにもかもテストをする「アセスメントの時代」になっています。ですからここではテスト形式であなたがどれだけうまく教師として正しい対応を選べるかやってみましょう。

【テスト　その1】
　親：フラッグ・デー[1]には子どもたちがみんな小さい旗をもらうのは知っています。子どもたちは学校の前の掲揚台に集まって国歌斉唱するのですよね。
　教師：ええそうです。もう長年にわたってそうしてきました。
　親：そうですよね。私はそれが時間の無駄だと思うんです。うちの子には教室で授業を受けさせてほしいんですけど。

---

[1] アメリカでは1949年から、6月14日が国旗記念日として定められている。1777年6月14日、大陸会議で星条旗を国旗として定めたことに由来する。

教師：その時間には何の"授業"もないんですよ。全校生徒が外に集まってますから。

親：彼らは教室にいるべきです。うちの子も、他のお子さんであろうとそうです。

教師は次に何というべきでしょう？

A．問題ありません。フラッグ・デーをやめましょう。
B．あなたのお話は非国民的に聞こえますね。
C．その日にはお子さんを学校に来させなかったらどうですか？
D．フラッグ・デーの行事は私達の市民教育のカリキュラムの一部なのです。もしあなたがこの活動について宗教上や思想上の反対意見をお持ちなら、お子さんをこれに参加させず、図書館で本を読んでおくようにさせてもよいですよ。

答え：Dです。

しかし、もし保護者が「私は全校生徒でする活動に自分の子どもを参加さないというのは望んでいないのです」と言い出したら、あなたはどう答えますか？

A．いいですか、お父さん、二兎を追うことはできませんよ。
B．あなたの御心配はよくわかりました。しかしこのほかに方法はないのです。
C．校長とお話していただく方がいいですね。

そうですね、正解は、心ではAのように考え、実際に言うのはBで、そしてCに移る覚悟でいるのがいいですね。

【テスト　その2】
　親：私達は旅行に行きますので、お休みの期間より3日早く出て、3日過ぎてから戻ってきます。その間、ターニャはなにか遅れをとることはありますか？

どれが正しい答え方でしょうか。

　A．いいえ、何もありませんよ。おたくのお子さんが帰ってくるまで6日間、みんなでぶらぶらしておきますから。
　B．ちょっと待ってください。ちょっと整理させてくださいね。つまりあなたはお子さんを6日間も休ませるのに、遅れをとることがあるかどうか心配されているんですね？
　C．私達は図形の新しい単元の導入をする予定です。また国語でも新しい小説に入ります。ああ、それから科学研究プロジェクトもその期間にいたします。

答え：Cですよね。なぜAでもBでもいけないかというと、基本的なルールを思い出してください。嫌味は言わないこと。代わりに、プロとしてCのように答えましょう。もちろんあなたには次の展開がわかるでしょう。

　親：あら、そうですか。それじゃあターニャが遅れをとらないように、宿題を前もって出していただけますか。

これにはどう答えますか？

　A．豚が空を飛んだらそうしましょう。
　B．できるだけやってみましょう。しかし私はそんなに先のことまで全

ての教材をそろえてお渡しすることはできないかもしれません。
C．お子さんに本を持って行って読むようにお伝えください。

答え：Bです。私達はすでになぜAの答えではいけないかお話しましたね。また、一方のCは魅力的な答え方ですが、あたかもターニャが学校に来ない6日間の内容についてなにも遅れをとらないような印象を与えますからおすすめしません。いらいらをおさえ、できるだけのことをしましょう——そしておそらくどちらにしろ彼女は本をもっていって読むべきだということをつけ加えましょう。

【テスト　その3】
教師：ドリューがケイトの電卓を机からとったようなのですが。
親：証拠があるんですか？
教師：ケイトが無くなったと言ってきたのです。それで子どもたちが図工の授業に行っているときに、全机を私が探したのです。そしてドリューの机からその電卓を発見しました。
親：ケイトはきっとわざと電卓をそこに入れて、ドリューを困らせようとしたんですわ。
教師：それが、実はドリューがとったことを認めたんです。
親：先生は私がいない時にそのことを子どもに話したんですか？そんな権利はないはずです！
教師：私達は自分の生徒と話す権利がありますよ。
親：親のいないところではそんな権利はありません。
教師：問題はドリューが電卓をとったということなんです。彼はそれをケイトに返しましたが、お母さんからもドリューに、人の所有物への配慮について話していただく必要があるのです。
親：あなたは私のいないところで私の息子と話す権利なんかないんです！

ここから教師はどのようにしたらよいでしょうか。

A．過去に何が起こったか話しても仕方ないので、これからについてお話しましょう。これからはドリューと話す前にお電話します。
B．ドリューに話していただけますか？
C．このような出来事が起こった場合、教師は子どもと話す責任があるのです。深刻な問題の時には常にお知らせしますよ。

答え：こういう親には子どもがトラブルに巻き込まれたら必ず電話するなどと約束しないようにしましょう。そんなことは現実的でないし、子どもと話す必要ができるたびにいつでも全ての親に連絡するなどできないでしょう。代わりに、Bからスタートしましょう。壊れたレコードテクニック[1]を覚えていますか？　もしこの会話が続くのであれば、子どもと話すときに親の同席が必要か否かという議論ではなく、会話の焦点を子どもの行動からずらさないように教師は注意しなくてはなりません。

【テスト　その4】
親：先生がお気になさらないといいんですが、ちょっとしたプレゼントがあるんです。
教師：プレゼント？　なぜですか？
親：先生はいつもジェシカによくしてくださるからですわ。
教師：ジェシカはとてもいい子ですよ。とても教えやすいです。
親：ええ、これはほんの感謝のしるしなんです。ダウンタウンにある服飾店の商品券なんですけど。
教師：（包みを開けて）200ドル分も入っているじゃないですか！
親：先生がジェシカにしていただいていることについてこれぐらいしか

---
[1]「壊れたレコードテクニック」　pp.52-53参照。

できませんけど。あ、それから、ジェシカがそのうちに大学の推薦状を書いていただくよう、先生にお願いすると思います。

教師はこの次になんと答えたらよいでしょうか。

　A．本当に、これは受け取れません。
　B．ジェシカはすばらしい生徒です。喜んで彼女の推薦状を書きましょう。そのためにこのような贈り物をしていただく必要はありませんよ。私はこれをお受けすることはできません。
　C．実は、どうせなら工具店の商品券と交換していただけませんか。うちは新しいボイラーが必要なんですよ。

答え：Cなんか考えてはだめですよ。いいですか、家で冷たい水しか出ないシャワーを浴びたときはそう考えてしまうかもしれませんが。まず最初にAと言って、すぐにBと続けましょう。保護者から１〜２ドル以上のものをもらってはいけません。どんな些細なものでも贈り物をもらうことを禁止している学区もありますが、多くの学校ではクリスマスなどの時期にたまにコーヒーカップやクッキープレート程度のものをもらうことは認めています。お酒（例えば高級ワインなど）や現金は決して受け取ってはいけません。このような贈り物を受け取ることは、あなた自身やあなたのプロとしての資質を損ないます。

【テスト　その５】
　親：メリッサの席を変えていただきたいのですが。
　教師：なぜですか？
　親：私はウィリアムズさんちの子どもの横にうちの子を座らせたくないんです。
　教師：なぜでしょうか？

親：メリッサは先月頭シラミをくっつけて帰ってきたんです。
教師：覚えています。似たようなケースが何度かありました。
親：ウィリアムズのところの子がシラミをうちの子にうつしたのはわかってるんです。
教師：養護教員はそんな風には断定していなかったと思いますが。
親：ええ、先生はあの子のうちの生活をご存じでしょう。あの子の母親は全然子どもたちの世話をしませんし、あの家では宴会でどんちゃんさわぎばかりやっていることもみんな知っています。あそこの家は不潔なんです。うちの娘はこんなことでわずらわされるべきではないんです。
教師：アダム・ウィリアムズの横に座ることは、それでメリッサを煩わせることにならないですよ。
親：とにかく席替えをしてください。二度とうちの子があの子から頭シラミをうつされて帰ってくることがないように。

これについて最もよい対応はどれでしょう。

A．でも見方を変えれば、娘さんが頭シラミをくっつけてきたということは、友だちがいる、ということですよ。
B．私は他の子どもやその家族についてお話しすることはできません。
C．私は数週間ごとに席替えをしていますし、それによって子どもたちはいろいろな友だちと一緒にやっていくことを学ぶのですよ。
D．メリッサの席を動かしましょう。

答え：なぜDではだめかをお話しましょう——もしそうすれば、あなたは暗黙のうちに「ウィリアムズのところの子」がメリッサに頭シラミをうつした、ということを認めたことになります。もしメリッサが彼のとなりに座らなくなれば、他の子は誰も座りたがらないでしょう。

たいていの小学校の先生はご存知のとおり、一旦クラスで病気や伝染（虫が湧く）などが発生すると、それがどこから発生したのか明らかにするのは困難です。大事なことはただちに保護者にそれが起こっていることを警告し、感染した子どもがいつ無事学校に戻れるのは養護教員が判断します。どの子が頭シラミ（やその他の伝染病などなんでも）をクラスに持ってきたのか、たとえこの親が言うことが正しいとしても、あなたの仕事は他の親でなく養護教員と情報を交換することであり、そうすることで養護教員は定期的にその子をチェックすることができます。「ウィリアムズのところの子」は彼のクラスメイトからのけものにされなくても十分な問題を持っています。

　最初に言うべき正しい答え方はBです。あなたは守秘義務を守らなくてはなりませんし、他の子どもやその家族について別の保護者と話してはいけません。

　Aはどうかって？これは感染してないとすればおもしろい答えになりますけどね。

【テスト　その6】

親：リックはレスリングの部活動を続けられる成績基準[1]を満たすために、少なくともCの成績はつけていただかないといけません。

教師：宿題をやってきさえすれば、彼はこのクラスの単位が取れますよ。

親：それはあの子には難しすぎるのです。毎晩あの子は練習があって、家に帰ってくると疲れてしまっているんです。

教師：彼が単位をとろうと思ったら、宿題をするしかありません。

親：いいですか、あの子はレスリングで大学の優待生になれる可能性があるんです。そのためにはあの子は成績基準を満たし、プレイを続け

---

[1] 部活動を続けられる成績基準　アメリカの中高校では一定の成績を下回ると部活動への参加が停止になる。

る必要があるんです。

どの答え方が最も保護者からの協力を得やすいでしょうか。

　A．彼がやるべきことは宿題をすることなのです。
　B．大学を出たらレスラーとしてやっていくつもりですか？
　C．このコースの単位が欲しいかどうか、彼にまかせましょう。
　D．いいですか、私も彼に成績基準を満たしてほしいと思っています。私は彼に大学の優待生になってほしいと思っています。彼が課題をこなしてレスリングも続けられるようにするのには私達はどのように協力できるでしょうか？

答え：もちろん答えはDです。私達が、保護者をこちら側に引き込みましょうという話をしたのを覚えていますか？　まず初めにあなたがするべきことは保護者の心配ごとを理解し、あなたも保護者も双方が子どものために同じこと——つまり成功すること——を望んでいるということを明らかにしましょう。

　しかし、あなたがDと言っても保護者がこんな風に言ったらどうでしょう、「宿題を減らしていただけば簡単ですよね？」その時はこんな風に言いましょう。

教師：私は生徒がこのコースの単位をとるのに必要なことを要求しているだけです。お子さんに授業中や放課後そばについて教えることはできますが、お子さん自身もその気になってコースをパスすることに責任をもつようにしてもらわなくてはいけません。

これが最もよい方法です。

【テスト　その7】
　親：なぜジョンはこの課題をしなおさなければいけないのですか？
　教師：この課題は自分のオリジナルストーリーを書くことなんです。
　親：ですから？
　教師：ジョンは「スタートレック」[1]から抜き書きしているんですよ。
　親：そんなはずありません。
　教師：ええ、登場人物の名前はかえてありますよ、カーク船長はダーク船長、スポックはスプロックに、という具合です。しかし、ストーリーは「スタートレック」そのままなんです。
　親：その証拠を見せてください。先生は「スタートレック」の全ての話をご存じではないでしょう。どうやってわかったのですか。
　教師：ええ、確かにそうです。私は全部読んだわけではありません。しかし偶然にも、私が見たことあるシーンそのままだったのです。
　親：証拠が提示されるまで、課題のやりなおしなんかうちの息子にさせません。ジョン、これはあなたの作品よね？
　ジョン：うん、そうだよ。
　親：この子がそう言っているのですから、そうなのです。うちの子は嘘はつきません。

この教師がクリンゴン[1]と知り合いならば、面談を即座に終了させることができるのですが、そうでなければ先生は次のような対応ができます。

　A．もうしわけありませんが、この件に関しては合意が得られませんね。しかし私はジョンにもう一度書きなおして自分のオリジナルのストーリーを書くことを要求しますよ。

1）人気のあるSFテレビドラマシリーズ。テレビや映画のノベライズ版やオリジナル小説版も多数出版されている。
1）「スタートレック」の登場人物。

B．わかりました。スタートレックの全話を読んで、きちんと証明できるようになってからまたお話します。
　C．どんな子どもでも時には嘘をつきます。あなたのお子さんでもね。

答え：おそらくCと言いたいところでしょうが、それは状況を悪化させるだけですよね。Bはまずい答え方です。なぜならあなたが時間と労力を費やして元となったエピソードを見つけてきたとしても、依然としてこの親は盗作を証明する十分な証拠とは認めないでしょうから。Aを採用しましょう。もし保護者が「いいえ、ジョンには書きなおさせません」と言ったら、次に何と言ったらよいかもうお分かりですね。

教師：ではこの課題には0点をつけるしかありませんね。

そして保護者が「校長に訴えます」と言ってきたときには何と言えばよいかもわかっていますね。

教師：あなたが正しいと思うことをなさってください。

【テスト　その8】
教師：マイケルは子どもが見るのに不適切なサイトをまた覗いているのを私に見つかって、コンピューターの使用権を失っています。
親：正直なところ、それには困っているんです。
教師：それはよかった。全てのサイトをサーバーでブロックすることはできないので、子どもたちは時々不適切なサイトに飛んだりするんですよね。
親：いいえ、そういう意味ではありません。私が言っているのは、マイケルがコンピューターを使えなくて困っている、という意味です。
教師：マイケルはポルノサイトにアクセスして二度も警告されていたん

163

ですよ。今回は三度目ですから、彼は一週間使用権を失います。
親：あの子は間違えて飛んでしまったと言っています。
教師：私はあの子の閲覧履歴をチェックしましたよ。あれは決して間違えたというものではありません。
親：わかりました。あの子も男の子だっていうことですね。でもそれにしたって、子どもがどのようにコンピューターを使用するかは先生の責任ではありませんか。
教師：全くその通りです。ですから、このように対応しています。その通りですから彼は一週間コンピューターは使えません。
親：それでは、あの子はどうやって課題をやったらいいのですか。

この場合では、どの対応が最もよいでしょうか？

A．私がどうすることができますか？　違反はこれで三回目なんですから！
B．従来のやり方、つまり図書館で調べて、手書きでしてもらうしかないですね。
C．彼自身に考えてもらうしかないじゃないですか。

答え：Bですよね、もちろん。「手書きで課題をするなんて厳しすぎる！ああひどい！　そんなことあの子にできるでしょうか？」と言われたらどうしますか。それに対する次の答えは「40代以上の教師ならだれでも中学生だった頃には手書きですべてやっていました」です。

【テスト　その9】
教師：ベルマンさん、面談に来ていただけて嬉しいです。
親：フレッドと呼んでください。
教師：それでは、フレッド。お子さんが歴史の単位を落とすことになる

ということについてですが。

親：ベルマンさんと呼んでください。

教師：それでは、ベルマンさん。お嬢さんは歴史の単位を落とすことになります。

親：卒業するために必要な単位ですか？

教師：もちろんそうです。

親：そうですか、ナネット。あなたはただじゃすまなくなりますよ。

どの対応がこの先生としてベストでしょうか？

A．いいですか、フレッド。卒業は危ういからパーティーなんかの通知はまだ出さないでおいたほうがいいよ。

B．いいですか、フレッド。お嬢さんこそただじゃすまなくなりますよ。

C．いいですか、フレッド。あなたの助けが必要なんです。

答え：私達が教師も保護者もお互い敬称で呼ぶことを採用することをお勧めした[1]のを思い出してください。しかしもし保護者があなたの名前で呼んできたら、あなたもそれをしましょう。そうしなければ同じ土俵で話ができません。もっともよいのはCですよね。

【テスト　その10】

親：私は先生がうちの子をいびっているのについてほとほと疲れ果てました。

教師：私はそんなことをしているつもりはありませんが。しかし彼女の無礼な態度を見逃すわけにはいかないのです。

親：あの子は先生が敬意をもって自分に接してくれないと言っていま

---

1) pp.67-69参照。特にp.69の脚注に留意。

す。
　教師：私は全ての子どもを尊重しています。しかしお子さんの言葉づか
　　　いを大目にみることはできません。
　親：先生はうちの子がお嫌いなんでしょう。他の子だっておんなじこと
　　　をしているのに、あの子だけしかるんですから。
　教師：他の子は教室でそのような言葉づかいはしていないんです。
　親：もし次にあの子をクラスから追い出したら、私に従ってもらいます
　　　からね！

どんな答えが最もよいでしょう？

　Ａ．面談は以上です。

答え：Ａですよね。もちろん。

　この確認テストはみなさんよくお出来になったことと思います。「難しい親」に対応するには練習、常識、そしてウィットを失わないことが必要になります。
　ここまででお分かりでしょうが、「難しい親」を「タイプ」別にしたのは、ある特定の状況下で使える特定の方略を簡単に説明するためでした。「難しい親」は、教師への要求や、子どもたちが自分の行動に責任を負うことを拒絶するという点で違うようにみえながら実はみなよく似ています。「ヘリコプター・ママ」は一夜にして「マントを着た正義の味方」になりえます。「ステルス戦闘機型の親」は「失礼な自由意志論者」に様変わりできます。重要なのは誰がどのタイプということではなく、「難しい親」に対するどのスキルと方略を使ったらよいかということです。
　よい指導は簡単ではありません。昔からそうです。そして親たちは、昔よりももっと、要求が多くなってきています。教師は親に対するスキルを

おさらいテスト

磨くだけでなく、不必要ないさかいを避けるために自らの教え方の見直しと改善を習慣化しておくことも必要なのです。

本書を通じて、親との対話が急速に悪化する例をたくさんご覧になったと思います。子ども達のメリットのためにどうすれば保護者と教師が助け合えるのか、最後に二つの例をあげてまとめたいと思います。

まず一つ目は、子どもにとっていちばん良いことを最優先にした会話の例です。

教師：ロブは本当に賢いお子さんです。もう少し勉強に力を注ぐ必要がありますね。
親：課題が簡単すぎるからそうなることもあると思うんです。そんなに一生懸命やらなくてもいいように思ってしまうようです。
教師：そういうこともあるかもしれませんね。今学期は、もう少し難しい本に挑戦する子たちを小さなグループに集めて読ませてみようと思います。どう思われますか？
親：あの子はよろこんで取り組むと思いますよ。

もうひとつはこんな例です。

教師：この課題で、エマはラリーのものを写したようなのです。
親：本当ですか？なぜそれがわかったんですか？
教師：ええ、その二つはとても似ていたんです。二人ともを呼んで話をしたところ、エマが彼の宿題を写したことを認めたんです。
親：あの子とお話になったんですか？
教師：ええ、しました。彼女は自分のしたことをとても恥じています。
親：そうですか、恥じるべきですわ。帰ってからそのことについて話し

合います。
教師：彼女がバスケットにダンスにフルートのおけいこで、宿題をする時間が十分にないと言っていたのが少し心配なのですが。
親：あの子のスケジュールを見直す必要がありますね。学校の勉強が最も重要なことですから。

　保護者と教師が協力し合えるパートナーとなった時、それは子どもにとって素晴らしいことです——そして保護者と教師にとってもまた、すんばらしく素晴らしいことなのです！

付　章
保護者との協働関係を築くために

栗原　慎二

はじめに

　保護者対応の難しさが増大しているのは日本に限ったことではないようで、どこの国でも同様の現象に頭を悩ませているようである。

　本書は、アメリカのニューヨークでこうした問題に直接向き合いながら、長年、教師、そして校長として勤務し、現在はニューヨーク州立大学で教員養成に携わっておられる Suzanne 教授の著作「Difficult Parents」の翻訳本である。本書は、対応の難しい保護者と関わるための How to がユーモアを交えて書かれているが、その背景に彼女の豊富な経験が息づいている。その内容は、まるで日本での話かと思うほどである。

　本書は保護者対応の How to に特化した本であり、教師が保護者からの誤解や摩擦を回避して、子どもの教育に保護者と協力して取り組めるようになるには、こうした How to を知っておくことも必要という考えから翻訳に至った。しかし、人間関係は How to だけで構築されるものではないし、こうした現象の現状や背景を理解することも有益であろう。そこで若干の理論的な考察と日本の現状についての情報を提示して、この問題を理解する一助にして欲しいと思う。

1　今日の教師と保護者の関係

1）増え続ける教師の精神疾患

　基準は若干変更されたが、90年代半ばから2010年の間に暴力行為の発生件数は5倍以上に、不登校は約2倍になった。この間、1998年には学級崩壊がNHKで特集された。2003年には、知的な遅れはないものの学習面や行動面で著しい困難を示す通常学級在籍の児童生徒が6.3％という調査結果が文科省から出た。

　保護者対応の問題がクローズアップされたのはこうした背景を抜きには考えられない。いちゃもんの研究で著名な小野田正利氏は保護者の要求の過剰化は1990年代末頃からと指摘している。2007年頃からはモンスターペアレントとい

うことばが使われるようになり、2008年には同名のテレビドラマまで放映された。

近年は自己防衛のために訴訟保険に加入する教員も急増している。つまり、90年代後半以降、子どもの関わりも、学級への関わりも、そして保護者への関わりも困難になってきていることがわかる。ちなみに教師の休職者数は1994年以降、16年間連続で増加した。その増加分はほぼ精神疾患によるものである。休職にまで至らなくてもうつ傾向を自覚する教師の割合は一般企業の2.5倍だそうである。

2）データにみる「無理難題」を言う親

では、実際、無理難題を言ってくる親はどのぐらいいるのだろうか。

筆者は、ある教育委員会と協力して、就学前幼児の保護者734名、小学校3年生保護者1438名、中学校1年生保護者779名を対象に調査を行った（有効回答数は2951名）。調査は保護者の規範意識や学校に対する意識等に関するもので、その中に「近年、無理難題として話題になった保護者から学校への要望10項目についてどう思うか」という質問項目も含まれていた。

その結果が表1である。「共感する」「すこし共感する」を「共感群」、「共感しない」「あまり共感しない」を「非共感群」としてまとめてある。なお100％に達しないのは無回答は省いたためである。

結論から言うと、「共感する」と回答した保護者の率はそれほど高くない。たとえば「どうしてうちの子が集合写真の真ん中じゃないのか」という項目に「共感する」と回答した保護者は0.27％、「やや共感する」とあわせても1.10％である。さらに、この調査は「共感する」かどうかを聴いているだけで、「共感する」と回答した保護者が実際に学校にそれを要望するわけではなく、実際に行動を起こしている親は大きく減少するだろう。ただ、1％とは言っても学校規模が600人なら6人いる計算になるし、調査した地域は比較的安定した地方都市なので、大都市圏はこの数値よりもかなり高いと予想される。また、こうした思いを持っているということは、状況によっては行動化する可能性はあることは否定できない。

表1　無理難題に対する共感度　　　（回答総数2951名）	共感群	非共感群
①どうしてうちの子が集合写真の真ん中じゃないのか	1.10%	98.40%
②活動で人とぶつかり骨折し学校を休むことになった。ぶつかった側が大会に出場するのは納得できない。相手も練習を休ませて欲しい。	3.40%	95.80%
③〇〇君とは親同士仲が悪い。来年度のクラス編成には保護者の意見を参考にするべきだ。	8.30%	90.90%
④家ではテレビゲームばかりして、風呂にもなかなか入らない。風呂に入るように言って欲しい。朝も、子どもを起こして欲しい。	2.60%	96.60%
⑤子どもの生活態度が悪いと先日学校から呼び出され、その日は会社を休んだ。日払いの給料が減った。これらを保障して欲しい。	2.10%	97.20%
⑥学校で禁止されている携帯電話を子どもが持っていって取り上げられた。使えなかった期間の基本料金は先生が払うべきだ。	2.60%	96.60%
⑦学校で怪我をして、タクシーで通わなければならなくなった。タクシー代を学校が負担するべきだ。	15.00%	83.60%
⑧義務教育なのに教材費を集めるのはいかがか。しかも結構高い額だ。	19.20%	80.00%
⑨掃除に使う雑巾をどうして家で作ることを要求されるのか。	6.60%	92.80%
⑩学校には校則などの決まりがあり、しかも数が多すぎる。	17.20%	81.60%

3）「無理難題」の二つの側面

　この調査結果を因子分析という手法で分析したところ、①〜⑥と⑦〜⑩は性格が異なっていることがわかった。項目を見比べると①〜⑥は「無理難題」と言ってよい内容であるのに対して、⑦〜⑩は校則、教材費、危機管理に関わる項目であり、「学校の説明責任」を保護者が求めている項目と思われる。保護者の回答も、①〜⑥に「共感する」「やや共感する」と答えた保護者が平均3.5%だったのに対して、⑦〜⑩については14.5%になり、①〜⑥の4倍強であった。30人学級の場合、①〜⑥の「無理難題」に共感する親は約1人、⑦〜⑩では4人強になる。

　つまり、保護者から学校に寄せられる苦情や要望がすべて「無理難題」というわけではなく、学校が日頃から十分な説明責任を果たしていないことが保護

者の不信感やイライラ感を喚起し、それが結果としてクレームとして強い形で寄せられることがあると考えられる。

2　問題の構造

1）社会の背景

　このような数値の背景にはなにがあるか、いくつかあげてみたい。

　まず、社会全体で進んでいる「**権威の総崩れ**」とも言える現象があるだろう。かつては権威ある職業のひとつであった医師や教師は、もっとも批判にさらされる職業となった。

　その背景には、「**保護者の専門家化と教師の素人化**」とも言うべき現象がある。保護者の高学歴化は相対的に教師の低学歴化を意味する。近年、私が民間のカウンセリング研修などに呼ばれていくと、そこには教師ではなく一般の方々が多数参加している。特に特別支援関係の研修会では圧倒的に保護者が多い。その結果は保護者の専門家化であり、相対的には教師の素人化が起こる。発達障害の子どもは通常学級で対応することとなったのに、担任が「私は障害児教育は専門ではないので……」といった言葉を口にしてトラブルになるケースがよくある。その意識の低さに専門家化した保護者は苛立ちを覚えることになる。

　また、かつては教育は学校と保護者、地域が協力して作り出すものという意識があった。学校は地域の宝であり、応援すべき存在であった。しかしその感覚は薄くなり、「**教育は消費の対象**」となってきている。そういう時代にあっては、消費者（保護者）はよりよい商品（教育）を求めるし、商品に欠陥や不足があれば猛烈な勢いでクレームをつける消費者（保護者）がでるのは想像に難くない。

　もう一つ考えておくべきは、「**個人主義化（私事化）の進行と保護者の孤立化**」であろう。保護者同士のネットワークは希薄になり、子育てに対する現実的なサポートだけではなく、情緒的サポートや情報的サポートも得られにくくなっている実態がある。

　さらにもう一つ大きな問題は未成熟な親の存在がある。親としてのあり方の

学習機会の減少、家庭のあり方の変化、離婚家庭の増大といった多様な要因を背景に、親としての責任感や自覚の希薄な親や、過剰なまでに子どもに密着する親が増えているのは事実であろう。ここではその詳細には立ち入る余裕はないが、いずれにしても、子どもとのほどよい関わりというのができない保護者が増えている。

2）クレームをいう保護者の特徴

こうした背景を背負った保護者には大きく2つの特徴があると思われる。

一つは、「心理的不安定化」である。親の中には、子どもの抱える問題が深刻な保護者、自分自身の問題で精神的に追い詰められている保護者、あるいはパーソナリティが未熟で攻撃的な傾向がある保護者は少なくない。こうした保護者が周囲から十分なサポートを得られず社会的に孤立すれば、心理的に不安定になり、自身と子どもを守るために、攻撃的な行動が生じる。攻撃は最大の防御だからである。

もう一つは、「学校への期待の肥大」である。とりわけ近年の若年層の非正規雇用の増大やワーキングプアの問題は実に厳しく、「子どもを負け組にだけはしたくない」という保護者の不安をかき立てる。保護者の孤立傾向はこれに拍車をかける。こうした保護者は学校への要望を言い立てることになるが、その要望に学校が応えない場合、攻撃的な行動をとる保護者もでてくる。攻撃は期待の裏返しということである。逆に、学校に早々に見切りをつけ、期待をしていない保護者は、塾通いなり家庭教師をつけるなどの対策をとり、クレームさえつけない。

大きくみるとこの2つが保護者の今日的特徴ではないかと考えられる。

3　対応の原則としての信頼関係

では、保護者にはどのように対応したらいいのか。基本的には、コトが起こってからではなく、「信頼関係」を日常的な関わりの中で生み出すことが重要である。子どもが学校で楽しく過ごしていれば、保護者の不安は消え、過剰な要求は嘘のように消えてなくなるものである。このことは保護者対応以前の大前

提として押さえておきたい。

　ところで本書では個々の事例に即して具体的な対応策が述べられているが、それらに通底する保護者対応の原則は、「傾聴」「理解」「確認」「伝達」と整理することができるだろう。

　「傾聴」とは文字通り傾聴することである。「理解」は「要望」の背後に潜んでいる「真の感情」と「願い」を理解することである。たとえば「担任を替えろ！」という要望の背後には、「子どもが心配」という感情と「子どもに楽しく学校生活を送って欲しい」という願いがある。「要望」に惑わされず、この「真の感情」と「願い」を「理解」することが重要である。「確認」はこの理解した「感情と願い」を言葉にして保護者に伝えることである。そうすることで保護者は「学校は理解している」ということを理解する。この３つをやった上で、最後に学校は学校の考えを「伝達」し、問題解決の道を探ることになる。

　私の経験では、ほとんどの場合、このような対応によって感情的になっていた保護者とも穏やかに話ができるようになる。本書では「対戦型の親」の章（p119〜128）のジミーやアリーシャの親との対話がその典型だろう。解説も含めて、是非ていねいに読んでいただきたい。

　以前、ある父親と面接したことがあった。その父親は短気そうではあったが、非行傾向にある子どものために涙を流す父親でもあった。ところが、その保護者は学校でいわゆる「モンスター」として扱われていたのである。どうやら学校の対応にいらだった父親は大声を上げるといった行動をとっていたようだった。そこで私が中に入って両者の「感情と願い」を確認し、共に納得できるような対応策を協議していった。１時間ほどの話し合いの最後に、その父親は学校に対して「よろしくお願いします」と言ったのである。

　この事例が象徴するように、こじれた事例の大半はコミュニケーションの問題で、教師側が保護者の感情をつかみ、丁寧なコミュニケーションを行っていれば防げたケースが多いということを指摘しておきたい。

　もう一つ、重要なのは、「説明責任を果たす」、あるいは「伝える」と言うことである。表１の⑦〜⑩について説明を強く求める保護者がいることはむしろ当然だろう。こうしたことについては、学校は日頃から情報を発信し、説明責任を果たすことが求められる。

4　チームとして係わる

　本書ではこじれた場合は管理職につなぐことが奨励されている。しかし、日本の場合は、直接管理職につなぐ一方で、職員がチームで対応することが学校の実態に合っているだろう。

　たとえば対応が難しい親には、学年主任や生徒指導主事等と事前に打ち合わせをしておき、数人で面接をすることをお勧めする。そうすることで冷静さを保ちやすくなるだろうし、アイディアも出しやすくなる。

　これは単に学校側の自己防衛ということではない。学校として誠意を示すことになるし、実際に何らかの具体的な対応をする必要がある場合は、主任等が状況を把握しているので、迅速な対応が可能になるのである。

5　信頼関係では対応できないケース

　私の経験の範囲では、上で述べたような対応をしていれば保護者との関係がこじれることは、ほとんどない。

　しかし、多くはないが、「信頼関係作り」では対応できないケースがある。

　その第一は、精神的に病んでいる保護者の場合である。人格障害、うつ病、統合失調症などの病を抱えている保護者は実際にはかなり多い。

　第二に、保護者が発達障害や知的障害を抱えている場合である。子どもにうまく対応できないケースも散見する。

　第三に、悪意のある事例である。教師を陥れること自体が目的であったり、金品が目的であったりすることもある。

　こうした事例では、担任が一人で対応することは困難である。強調するが、こうした保護者にうまく対応できないのは、教員のせいではない。できなくても当然でもある。こうした事例については、校内チームを作ること、あるいは事例に応じて教育委員会・保健所・病院・民生委員・児童相談所・警察などとの連携をすることが必要不可欠である。保護者との対応は2人以上でやり、1人は記録をしっかりとる。間違っても一人で面接などしないことである。

6　保護者の本音を探る

ここまで「無理難題」についてみてきたが、教育に対する一般的な意識についても調査した。表2がその結果である。

表2　保護者の学校・教師に対する意識（回答総数2951名）	思う群	思わない群
⑪学校の先生は、クラスの子どもの人間関係を把握しておくべきだと思う。	90.20%	7.40%
⑧学校の先生のことを尊敬している。	79.70%	17.10%
⑨学校に関して子どもが話すことはおおむね正しいと思う。	76.50%	20.40%
⑫学校は、様々な場面で保護者に説明責任を果たすべきである。	74.40%	22.40%
⑩学校は、子どもの将来の見通しをもって教育を行うべきだと思う。	72.00%	24.60%
⑤日常生活に必要な生活習慣は、（学校）でも身につけさせるべきだ。	65.00%	31.60%
④子どものしつけは（学校）も行ってもらいたいと思う。	63.20%	34.10%
③子どもの教育は、おもに家庭で行うべきだと思う。	57.50%	39.50%
⑦学校に対して気になったことは、何でも指摘したほうがよいと思う。	47.20%	50.10%
②学校は、家庭の問題に踏み込むべきではないと思う。	24.10%	73.50%
⑥学校と家庭で子どもの教育方針をめぐって違いがあるときは家庭の方針を優先すべきだと思う。	23.40%	72.70%
①学校は、保護者のニーズに合わせて教育を行うべきだと思う。	22.90%	74.20%

みなさんはこの結果を見てどのように感じられるだろうか。私は日本各地で行う講演会で必ずびっくりされるのが「学校の先生のことを尊敬している。」保護者が80％近いことである。ほとんどの教師は20％の間違いではないかと思うようである。実は私もそう思った。しかし、そうではなかった。さらに細かくみると、幼稚園・保育所では90.7％、小学校で81.2％、中学校で約66.5％であった。

保護者の大多数は「学校の先生のことを尊敬（79.7％）」しており、学校と家

庭で子どもの教育方針をめぐって違いがあっても「学校の方針を優先してもよい（72.7％）」と思っていて、場合によっては「学校は、家庭の問題に踏み込んでもいい（73.5％）」し、「保護者のニーズに合わせて教育を行うべきだとは思わない（74.2％）」のである。こうした保護者の感覚は「過去のもの」と思われがちだが、実はそうでもないのだ。現代においても保護者は基本的には「昔」と大きくは違わないのだろう。

ただ、一方で、「昔とは違う」と思われる数値がある。「学校・園に対して気になったことは、何でも指摘したほうがよいと思う（47.2％）」「学校・園は、様々な場面で保護者に説明責任を果たすべきである（74.4％）」という数字である。過去のデータがないので比較はできないが、数十年前なら恐らくもっと低かったのではないかと思われる。なお、「学校・園に対して気になったことは、何でも指摘したほうがよいと思う」保護者の率は子どもが年少であるほど高く、保・幼で56.4％、小学校で45.8％、中学校で41.2％となっている。

一つ気がかりなのは、教師は尊敬の対象であるが、残念なことにその割合は学年進行とともに低下する。それは学年進行とともに、その尊敬を裏切られるような体験を子どもと保護者がしているということかもしれない。

7　終わりに

1）クレームは期待の裏返し？

表2から浮かび上がるのは、「教師を尊敬はしているが、言うことは言う」という保護者像である。この傾向は保育園・幼稚園の保護者が最も高い。数値をみても「教師を尊敬している」率は90.7％と中学校よりも24.2％高い一方で、「気になったことは、何でも指摘したほうがよいと思う」という回答も15.2％高い。つまり「尊敬している」から「何でも指摘する」という行動が生じているのである。

ここから「クレームは期待の表れ」の可能性が見えてくる。単に学校・園を攻撃したいのではなく、高い期待に応えてくれないもどかしさが、一見攻撃的に見える行動につながっている可能性である。

2）できることとできないこと

 では学校はどうすればいいのだろうか。

 第一に、保護者の期待をつかむことである。「学校のやり方」が保護者の願いと遊離したものになっていないか、保護者の思いをつかむ場や手段を持っていることが重要である。

 第二に、その期待に応える教育活動を行うことである。質の高さを保証するには教員研修は欠かせない。練習しないチームは勝てないように、研修しない学校・教師は伸びない。

 第三に、それを説明することである。紙媒体だけではなく、近年はＨＰや携帯メールを用いた情報発信も可能である。

 第四に、謙虚に学校や教師のあり方を見直すことである。幼稚園・保育所では90.7％であった教師の尊敬率が中学校では66.5％と低下する。実に4分の1の保護者が教師を尊敬しなくなっていく計算である。この背景に学校や教師に問題がある可能性は否定できない。見直しのヒントは幼稚園・保育所の保護者がなぜ90.7％という高い教師への尊敬率を得ているのかと言うところにあるのかもしれない。是非考えてみていただきたい。

 最後に、できないことも説明することである。「クレームは期待の表れ」と述べたが、実際には過剰な期待であることも大いにある。過剰な期待は双方にとって不幸である。親の期待や願いは受けとめ、できること、やっていることを日常的に説明し、対応できることは対応しても、できないことも説明していくことが必要になる。そうすることで初めて学校と教師はパートナーとして手を組むことが可能になる。

3）教育は学校と家庭と地域が協力して創造するもの

 「教育はお金で買う」ものという意識が高くなれば、「消費者」である保護者は、当然のように要求を突きつけてくるだろう。しかし教育は、学校と家庭と地域が協力して創造するものであるはずである。その原点に立ち返って各担任が、また学校全体が活気のある学校・園を作る姿勢を示し、行動化していくことが、遠回りのようであるが、保護者との協力関係を作り、尊敬と信頼を高め、さまざまなトラブルの少ない学校・園をつくることにつながるのだろうと考える。

【監著】
栗原慎二（くりはら　しんじ）
埼玉大学大学院文化科学専攻修士課程、兵庫教育大学学校教育専攻修士課程修了。博士（学校教育学）、文学修士、日本カウンセリング学会認定スーパーバイザー、日本ピア・サポート学会認定ピア・サポート・コーディネーター。現在、広島大学大学院教育学研究科附属教育実践総合センター教授。主な著書に、「ブリーフセラピーを生かした学校カウンセリングの実際」(ほんの森出版)、「新しい学校教育相談の在り方と進め方」(ほんの森出版)、「開発的カウンセリングを実践する9つの方法」(編著、ほんの森出版)、「児童・生徒のための学校環境適応ガイドブック」(共著、協同出版)などがある。

【監訳】
バーンズ亀山静子（ばーんず　かめやま　しずこ）
明治学院大学文学部、ロングアイランド大学大学院特殊教育学専攻、ニューヨーク市立大学クィーンズカレッジ大学院スクールサイコロジー専攻修了。特殊教育学修士、スクールサイコロジー修士、特別支援教育士スーパーバイザー、日本ピア・サポート学会認定ピア・サポート・コーディネーター。現在、ニューヨーク州公認スクールサイコロジスト。早稲田大学大学院・東京家政大学大学院非常勤講師。主な訳著に、「ピア・サポート実践マニュアル」(川島書店)、「世界のいじめ」(金子書房)などがある（いずれも共訳）。

【訳者】
柿坂佳代（かきさか　かよ）
広島大学大学院教育学研究科博士課程前期修了。修士（心理学）、学校心理士。現在、福岡市立片江小学校教諭。翻訳は、目次～「マントを着た正義の味方」を担当。

長江綾子（ながえ　あやこ）
広島大学大学院教育学研究科博士課程前期修了、修士（心理学）、学校心理士。現在、広島大学大学院教育学研究科博士課程後期在学。翻訳は「「うちの子いじめないで」型の母親」～「サボりOKの父親」を担当。

山崎　茜（やまさき　あかね）
広島大学大学院教育学研究科博士課程前期修了、修士（心理学）。現在、広島大学大学院教育学研究科博士課程後期在学。翻訳は「ヘリコプター・ママ」～「おさらいテスト」を担当。

難しい親への対応
──── 保護者とのより良い関係の築き方 ────

平成 22 年 10 月 25 日　発　行

著　者　スザンヌ・カペック・ティングリー
監　訳　栗原慎二・バーンズ亀山静子
発行所　株式会社　溪水社
　　　　広島市中区小町 1 - 4　（〒730-0041）
　　　　電話（082）246-7909／FAX（082）246-7876
　　　　E-mail：info@keisui.co.jp

ISBN978-4-86327-120-3 C1037

子どもが良さを発揮する【改訂版】

小川雅子 著

問題点と見えることから良さを見つけて育てる観点と体験例、古典の思想が生きた現代の事例を紹介。子ども独自の良さが発揮される教育を追求する。

1,575 円（本体 1,500 円）／ISBN978-4-86327-111-1

幼小中一貫で育てる「かかわり力」
――広島大学附属三原学園での12年間――

広島大学附属三原学校園 編著

完全連絡を基本に幼少中一貫教育を行う広島大学附属三原学園で学ぶ子どもたちが、12年間の在学中に人と関わり合う力をどのように伸ばすかを分析、「かかわり力」の育成を捉え直す。

1,890 円（本体 1,800 円）／ISBN978-4-86327-114-2

21世紀型教育への提言
――幼小中一貫で育つ子どもたち――

広島大学附属三原学校園 編著

幼小中連携による学園独自の「三原学園プラン」のもと、一貫教育の中で子どもたちにどのような力が育まれたのか。「個」の変容に着目した実践研究の記録。

1,890 円（本体 1,800 円）／ISBN978-4-86327-043-5

キャリア教育推進のための研修マネジメント
――福山市立網引小学校における実践研究の展開――

朝倉淳・新谷士朗・中瀬古哲／網引小学校 編著

キャリア教育推進という視点に基づく取り組みを一つの事例として、学校における校内研修のマネジメントサイクルをどのように構築し機能させていくかを提案する。

1,575 円（本体 1,500 円）／ISBN978-4-86327-005-3

道徳教育実践力を育てる「校内研修」
――「横断的な道徳学習」の創造――

朝倉淳・鈴木由美子・宮里智恵／竹原市立竹原小学校 編著

道徳教育をテーマにした場合の校内研修のあり方や進め方について、校内の環境・体制作り、人との良好な関係作りの提案など多角的に考察。授業研修実践事例とともに示す。

1,491 円（本体 1,420 円）／ISBN978-4-87440-952-7